新心靈

*A New Vision of Mind & Spirit*

新心靈叢書32
打造生命藍圖
作者　王中和
主編　李佳穎
責任編輯　趙貞儀
特約編輯　李素娟
商標設計　陳國強
發行人　王榮文
出版發行　遠流出版事業股份有限公司
台北市南昌路2段81號6樓
郵撥　0189456-1　電話　(02)2392-6899　傳真　(02)2392-6658
法律顧問　董安丹律師
著作權顧問　蕭雄淋律師
排版　天翼電腦排版印刷股份有限公司
2001年1月1日　初版一刷
2012年1月5日　初版五刷
行政院新聞局局版臺業字第1295號
售價新台幣220元　(缺頁或破損的書，請寄回更換)

ISBN 957-32-4268-0
YLib遠流博識網
http://www.ylib.com　E-mail:ylib@ylib.com

# 打造生命藍圖

王中和 著

## 出版緣起

# 心靈新視野

王榮文

這套《新心靈》叢書所揭示的編輯理念是，不斷以一種新的視野，探瞰人類的心神與靈魂。

在內容上，它超越物質、時空與科學典範的規限，不排除人類經驗的任何部分，包括神祕經驗、精神感知，與直觀的智慧。在方法上，它仍然重視推理，但不以實證法為必然，而更致力於撼動人們生而有之的想像力與領悟力。在品質上，它的格局必須博大得足供讀者親自參與思考及體悟，甚至有暫時存疑的自由；不強迫灌食任何一種信仰，造成迷信，或訴諸法術的教習，形成另一重心靈桎錮。

做為讀者的您，可以是科學的愛好者，也可以謝絕宗教教義，但這並不對立於您對心靈的關心，以及對智慧的嚮往。出版這套叢書，是基於我們對於人類身為萬物之靈的一種慶幸，也是一種提醒。讓我們尊重、了解並善加開發自己的高層精神力量，讓萬物因人類的智慧而美好。現在，就請接受我們的邀約，共同晤訪這幻化多姿的心靈大千世界。

〈專文推薦〉

# 人必須有意識地創造生命

孫明明

你喜歡研究人性嗎？如果你喜歡，我要向您推薦這本書——《打造生命藍圖》。這本書的作者王中和是我的好朋友，他是一位命理學家，而我卻是一個研究心理學的人。在美國訓練的心理學家，基本上不允許相信算命，可是和王中和聊天卻不知不覺成爲他的好朋友。

王中和先生，不像一般的命理學家，他在算命時，喜歡使用很多邏輯推理，就好像是心理學家一樣，必須使用很多邏輯推理技巧，從事心理分析的工作。因此，他的工作能夠鮮明地看透人性。

台灣有一位有名的作家施寄青小姐，曾經寫過一本書批評全台灣的命理學家。我曾經和施寄青小姐有幾次在一起座談的機會，我問施小姐：妳研究了這麼多的算命先生，同時，也批評了這麼多位算命先生，難道沒有一位值得推薦嗎？施寄青小姐親口告訴我：台灣只有一位命理學家值得推薦，就是王中和先生。可見王中和先生對命理的研究剖析是值得推崇的。

這一本《打造生命藍圖》用非常淺顯的方式，從占星術來看宇宙的本質。即使我是研究心理學的人，幾乎被訓練去完全否認算命的重要性，閱讀這本書仍必須肯定它的參考價值。同時，這本書用非常易懂的手筆，輕鬆活潑的表達方式，使我這樣從來沒有機會研究占星術的人，都感覺非常輕鬆有趣。這本書中提到，人必須有意識地創造自己的生命：在三歲前的教育和成長，家庭的幫助，以及親子的親密關係。這是一個非常重要的概念，尤其是對兒童教育有興趣的人，一定要了解對人的影響是如何地長遠。我非常高興中和先生提出了這個重點，這也是我一直想要表達的一個概念，因爲三歲以前的教育，如果處置不當，將是精神病養成的階段。

《打造生命藍圖》用靈性的方式討論人性，帶有一些神祕的宗教色彩，如果你喜歡這一類型的書，一定會喜歡這一本書。因此，我在這裡向您慎重的推薦它。

【推薦人簡介】孫明明，心理學博士，曾在電視及電台主持多項節目，並在《中國時報》、《聯合報》、《自立早報》、《美麗佳人》、《柯夢波丹》等報章雜誌發表專欄。在美國時曾參與多種心理輔導工作，服務對象包括難民、新移民、智障兒童、退休老人、受虐婦女、愛滋病患等弱勢族群。著有《做自己的心理醫生》、《創造人生DIY》、《挖掘你的潛意識》、《愛情補給站》等十餘部作品。

〈專文推薦〉

# 探索存在的奧秘

王靜蓉

生命是奧秘，無與倫比的奧秘。

我們生活在以思考、分析、累積知識、概念來了解生命的環境中，人們試著從概念來了解存在，試著從知識來定義生命，試著從思考分析來體會神……如此的嚐試就如看見指月之指，而非全然觀賞月亮的美。

印度詩人泰戈爾曾經住在一個小小的船屋上，在一個月圓之夜，他在屋內點上蠟燭看著一本談論美學的書，書中描繪著「什麼是美？」……而屋外有美極的滿月和杜鵑的叫聲，月光反映在湖上，使湖面呈現一片銀白；偶爾，小鳥飛過天空，魚躍出湖面，自然的聲音使得湖面的寂靜更有一份深沉的美。

泰戈爾只是在燭光中沉浸在著作裡。直到午夜，他吹熄蠟燭，看見月光忽地從窗外照進來，突然間，他覺知到圍繞他的存在是那麼地美，月光、銀湖、杜鵑的啼聲……一切一切是美得這麼不可思議，可是啊，他卻在書中尋找美！

泰戈爾說：「神被我擋在門外，被一支慘白的燭光擋在門外；而我只要闔上書，吹熄蠟燭，走出去，就能見到這存在之美，這神性洋溢啊！」

是的，美和「在」在一起，美和當下在一起，你越能處在當下這個片刻，越能不透過文字的分析來隔絕當下，親身體會此時此刻的發生，就能放鬆下來接近存在的況味。

而美並不排斥醜，光明並不排斥黑暗；我們內在的傷痛和難以面對的陰暗是被排斥的「醜」，這些醜只有被我們體嚐、觀照，真正的美才會湧現；否則，就像住在船屋的泰戈爾一樣，需先透過書本概念探索之後才忽爾發現實相！

我的好朋友中和所寫的《打造生命藍圖》，用意就在透過豐富的文字景象帶領讀者來到生命的實相，接近神性。中和是個能量飽滿的人，這一世他在這塊土地上擔負著心靈成長訊息的傳遞者，是毋庸置疑的，許多與他接觸過的朋友都可以感受到他鮮明的力量，您也可以透過《打造生命藍圖》一窺他的內在藍圖。

的確，生命有藍圖，胎教、三歲前的教育、成長期的家庭動力、親密關係、親子關係，這五種靈魂選擇的功課，形成一個人的信念系統，這系統創造一個人戲劇化的際遇。然而，信念即是有限，使我們站在一個角度觀看事物，信念的轉化和超越才能帶來成長，學會該學的功課。

出生時行星能量的排列對個人身心靈的影響，就像是信念一樣，成為個人探索生命軌跡最佳的切入點，中和生就對神秘領域與宇宙奧秘有敏銳的天賦異秉，在《打造生命藍圖》中，讀者可以乘著作者的能量好好探索一番。

「探索」意謂著回到真實的經驗來，感覺和觀照。在第五章〈心想事成之道與創造的秘訣〉裡，中和提及「心想事成之道首重處理信念」，信念的釐清與轉化是探索內在長久的課程，一個追尋者的成長史也就是信念的釋放、修正與提昇的歷史。你內心深處對自己的暗示，你的自我對話是什麼，息息相關著你生命的起伏、你的命運。目前，我所致力的能量療癒工作正是透過不同治療主題來支持人們看見舊傷、轉化限制性信念；當你背負的行李漸形輕鬆之後，你才能舞蹈，和生命之歌共舞。

《打造生命藍圖》提供很基礎的訊息來讓我們審視自身的存在。我鼓勵讀者活用此書，也就是透過親身體會，探索關於星座、能量和心想事成的創造奧秘，這也是每個人此生的功課——在人格的程式設計中刷新舊有模式，帶著勇氣和冒險為生命嚐新，探索屬於你的奧秘、你的陰暗和光明，再把你的人格向上一躍的奇蹟呈現給存在，與存在共享芬芳，這便是作者精心撰寫想要傳遞的光和愛吧，就如中和所言：

「相信老天和你的高層心靈是合一的，相信老天等於相信自己。」

心靈成長的課程就是信任老天的歷程，在困頓、挫折、哀傷之際依然信任聖靈就在身旁，能讀出生活中種種訊息、事件是一種能量調整或釋放，是老天的啓明，是內在信念化爲外在實相。雖然，在表面上，我們常經驗到隔閡，而在心靈深處，只有一個心靈——那就是大愛的心靈，是合一的世界，不再有隔閡和分裂。

我相信中和一直是深深信任這些的，並透過這份信任在這土地上散發他的熱力，在他解析星座、演講、教學的背後，這份大愛是我始終接收到的。

【推薦人簡介】王靜蓉，輔仁大學中國文學系畢業。著有《奧修靜心之旅》（方智）、《用愛做解答》、《生命流動自然美麗》、《沐浴在光中》（遠流）等二十多種心靈探索散文。現為「愛和光靈氣屋」負責人，從事「宇宙靈氣」、「顏色光能治療」、「靈性彩油」、「能量閱讀」等身心靈整體療癒個案和教學工作，支持準備好了的朋友連結高我力量來轉化舊傷，活在恩寵中。

〈專文推薦〉

# 面對未知，活出自在的生命

黃越綏

「時也、運也、命也」經常是人們在無助之餘的喟嘆，而「早知今日何必當初」更是事後諸葛的典型模式。人活在世間，基本上是在面對挑戰，要向不定的未知作出判斷，因爲生命原本就是一場浩劫，而生存且能活下來，就算不該悲觀以劫後餘生來慶幸，至少也是在千瘡百孔的歷鍊中活出生命的價值。

因此，對於宇宙大自然，人類雖然能利用智慧去探討其奧妙，並摸索出一套邏輯定律，但眞的就可以面無慚色的傲言「人定勝天」？還是因爲根本無法勝天，只好阿Q的發出豪語給自己找台階？但不論如何，在創造生命的過程中，提供生命生存空間的人事物，就會變成與神秘宇宙間一種謎般的互動關係。

一旦這種密不可分的關係激發了人類揭開神秘面紗的動機與能量，大自然的任何時空交錯——幾乎包括所有的物理現象——均被應用來體驗及檢驗生命過去、現在、未來歷史軌跡的眞實性及可信性。

希望能夠讓人類生活得更自由自在，最好能具有預防或解除變數所帶來的恐懼與害怕的免疫能力。也許這樣的能力會因訊息傳遞者的個人差異而有所不同，但至少能提供面對挫折及迷惘於渾沌中的主角一個「釋懷」的管道。

每個人在成長的過程中，都背負了太多非意願的角色扮演及演好角色的期待，似乎每個人都是自主性地主宰自己生命的舵手；但相對地，每個人也可能只是配合群體完成終極目標的一顆棋子。其實，如果能了解天生我材必有用及萬物皆有命的原則，每個人對自己生命的藍圖就會充滿了勇於承擔、樂於挑戰的信念，而對生命未知的變數，也較能以「柳暗花明又一村」來幽默宇宙莊嚴的黑洞。

王中和兄的新作《打造生命藍圖》，是其多年來努力不懈的研究心得，認眞地落實在生活中，提供許多尊重生命、包容萬象、發現大自然及熱愛生活前提下的心理平衡法則，同時也給予讀者更多全面性的思考方向，跳脫迷信、業障及負面的刻板觀念，並語重心長地提醒：生命過程縱有形式上好壞的關卡，但是快樂的追求，在淨化與超脫的精神層面上是無礙的。

【推薦人簡介】黃越綏，出生於台灣南部，婚後隨夫僑居菲律賓，擁有工商管理、餐飲管理及公共行政管理碩士學位。研究所畢業後，不斷參與各種心理輔導諮商的專業課程，在海外從事臨床實務研究達六年之久，並以資優講師身分保送哈佛大學深造。回台後從事婚姻心理諮商，並透過授課、專欄寫作、公開演講、主持電台及電視節目，積極投入民主、婦女及社會運動等改革，一九九五成立「單親兒童文教基金會」，致力推動相關立法及福利政策。著有《婚姻靠經營》、《考一張父母執照》等十餘部作品，及《婚姻幽默》錄音帶等。

# 目錄

The Blueprint of Life

〈作者序〉

# 從簡易法則中了解命運

有許多熱情的讀者寫信給我，要求作命理諮詢。每當看到這些成堆的來函，我的心裡感謝與激動交互的作用著。有沒有一種顯而易見的方法，讓沒有命理專業知識的朋友，也能了解命運的原理呢？這本書主要是爲了這些熱情的讀者而寫的；其次，這本書也要獻給長期以來因爲不了解，而對命理研究懷疑、恐懼，甚至誤解和攻擊的朋友們。

學了命理是否就能趨吉避凶呢？不懂命理是否就無法改善命運呢？我們知道，醫學是很複雜的，在大學科系中醫學院的修業期限往往比其他科系要長；一個好的醫師，養成也不容易，出了校門之後還要有長期臨床的經驗，經年累月培養成功。但醫師的壽命就比一般人長嗎？現實答案往往還是否定的。若是不懂複雜的醫學，就不能維持健康嗎？事實也並非如此。能夠長命百歲、安享天年者未必有基本的醫學常識。可見養生之道和複雜的醫學是兩回事，複雜的醫學雖能夠處理病態現象，但醫師自己爲何不能保證長壽呢？

## 了解命運很簡單

不懂醫學不代表不能養生，養生之道自然有另一套簡易的法則。一個人只要能夠維持樂觀、身心平衡、定時起居、營養均衡、常做運動、接觸大自然，生活中陽光、空氣和水的品質都正常，就是這些簡單的法則都做到了，就能夠維持健康。

其實研究命理也有類似的情況。命理研究者本身也有其週期，在地球作爲一個眾生之一，也有其基本上要學習的課程，所以當命理研究者本身陷入週期低潮時，也不免在人生中有苦樂浮沉的現象。何況無論是中國的陰陽五行或是西方的占星術，都具有複雜的內涵，爭論不休的派別和理論，學者要能夠詳細釐清明白，而能實際在日常生活中運用，也並非簡單之事。若是企求人人都要先研究好命運之道，再來展開一個成功的人生，基本上是不可能之事。世界上有很多成功的人物，他們也未必有研究過命理。可見人生要過得好，自有一套簡易的法則。複雜的醫學與健康有關連，但未必有絕對的關連。同理，複雜的命理學與成功的人生有關連，但也未必有絕對的關連。

人類目前的匱乏感有增無減，舉世滔滔，變態瘋狂行爲方興而未艾，透過對生命現象的研究，也許是人類找回老天之愛的途徑之一。但有關命理是否可信等等所引起的爭論，常令社會大眾感覺八卦而困惑，也令筆者深感有心而有趣，相信對於生命現象的嚴肅探究，乃是對生命眞誠的人士共同的語言。這本小書所討論的生命現象的奧秘，要送給對命運探索有興趣的讀者朋友們，如果你不是命理師或沒有算過命、或不知道要找誰算命，也希望你能夠清楚的了解自己的命運。有關命理學的研究，其實就是要凸顯這一套簡易的法則，讓人人都有知命、不惑、改運、造命的智慧。到底這套法則是什麼呢？這就是我撰寫本書的目的。

## 生命有藍圖

所謂「生命的藍圖」，就是命運背後那隻神秘的操縱之手，根據筆者長期觀察和研究，也就是1.「胎教」2.「三歲之前的教育」3.「成長時期的家庭動力」4.「親密關係」5.「親子關係」。世界上任何一個生命，在漫漫人生之路中所發生的各式問題，其根源都可以在這五個人生發展的階段找出原因。這五件事對人類的大腦發展影響最大，也在不知不覺當中，塑造了種種不同的「信念」，成爲影響人類命運的「幕後黑手」。無論東西方命理學，也都在或隱或顯之間，探討這五個課題，只是用了很多專業名詞術語，讓人摸不著輪廓而已。讀者朋友們，如果您對知命造命的學問有興趣，不妨從認清、反省這五件事著手，必然可以找出塑造您人生的「信念」，如此「搜尋」，讓您「原形畢露」，從而了解您是如何安排自己的命運。義理暢通，命理才能暢通，義理不通，學習陰陽五行或占星術，不過是疑神疑鬼、徒拘罣礙而已，《打造生命藍圖》這本書就是提供一個命理背後的義理基礎，至於更深層的宇宙奧秘，筆者再另外以專書介紹。

## 新時代理念

就大一點的時代背景而言，本書也是表達了很多屬於對「新時代運動」概念的關心。所謂「新時代運動」（也稱寶瓶時代運動），大約源於一九六〇年代，一群西方的知識分子，對於過去過於重視科技與物質而忽略心靈與環保的一種反動。他們對東方的宗教系統感興趣，並與西方的知識系統作一整合。這個新時代運動的內涵，從佛、道、密、瑜珈、哲學、心理學、超心理學、生死學、神話學、精神醫學、精神治療，到中醫針灸、草藥、氣功、星際資訊、光能靈療、心靈潛能、水晶礦石、古文明或神秘學類、星象研究、創造與生涯、養生保健、傳統心靈哲學、兩性關係……等等，種種探討人類身、心、靈的學說一串連貫起來，其影響所及，食衣住行育樂無所不包，並且演化成各種「形而上」的社會運動。「新時代運動」是個龐大且富有潛力的新思潮，不僅在美國風行，更稱得上是全球性的運動；也可說是從科學、玄學、哲學和宗教的融合觀點，重新來檢視生命現象的運動，而以「光」和「愛」爲其核心思想。

本書出版於世紀末日之說橫流之時，我們如何跳過現世的一片亂象，而展望那可能解決問題、再度恢復平衡和痊癒的未來？在瞭解神秘學背後的心靈所蘊含的，是否就是那個要避開不幸的強烈意向和正確行動的力量？無論如何，這個以光和愛爲核心思想的新時代運動，値得我們深思！

# 1

# 從占星術看宇宙的本質

## 前言：萬事萬物皆法自然

自古以來，人生的路究竟該怎麼走？實在是個大問題。無論中國道家研究的山、醫、命、卜、相，或是西方人研究的占星術、靈數學或塔羅牌，都是想盡辦法要了解這個宇宙的結構究竟是怎麼一回事，從而解答：「我們所活的世界，到底有沒有顛撲不破的眞理？」

我們希冀從這個問題的答案中得出人生的大智慧，並做爲一生中行事的參考，決策的準繩。科學對於宇宙的起源還沒有定論，但是在一件事上卻有共同的見解，那就是「秩序」存於宇宙之中。自然界的萬事萬物受到「宇宙法則」所統治，這點既簡單又永恆。宇宙律法是形而上世界和形而下世界的共同母親，我們所了解的「眞實」，不應該僅是在某個時間內大部分人（受到風尚和科學影響）所贊同的意見。就永恆的觀點而言，「眞實」及「眞理」不會隨著一代到另一代而有所遞變。當然眞理是永遠存在，只是人類以一己之私而扭曲。其實我們應該重新尊敬及遵循宇宙的眞理，同時用一種更負責任的態度來使用我們的自由意志，也許能對自己的未來有所覺悟。

占星術的理論，是說明太陽系的星曜繞著太陽轉動的詳細現象。此種轉動會造成地球能量場的變動，而地球的能量場變動，影響到地球上萬事萬物的生命現象，當然也包括了人類。老子說：「人法地、地法天、天法道、道法自然。」就是說明了這個現象。因此占星術的研究，也就是承認大自然對人類有影響，人跟大自然的互動應遵循一定的規律，而這種規律有天道上的道德意涵，這也就是宇宙中的眞理。

這個宇宙有很多顚撲不破的眞理，足以運用在我們的人生之中。當我們面對大環境複雜的變動，天災人禍的日益劇烈、科技進步的一日千里以及商場如戰場般的微妙變化，了解宇宙的眞理，可以令我們由簡御繁、心安理得的活在當下。

## 萬法唯心造

熟悉星座的朋友想必會發現，再怎麼談星座，也不過就是談個性。十二個星座，就代表十二個不同的人格原型。爲什麼星座的內容老是跟性格分析有關呢？我想不論是占星術，甚至連研究心理學的學者，都了解一句老生常談，也就是：「性格即命運。」性格由生活的經驗和信念綜合而成，也就是我們內心感受的反應。能量的表現，在於顏色、聲音、溫度和振動方式，所謂振動方式，就人類而言即是性格或信念模式。

記得奧修講過這樣一個故事：

有一天早上，木拉那斯魯丁很生氣的沿街叫罵，並且詛咒說：「魔鬼將會佔據你的心靈，甜菜將會長在你的肚子裡……。」諸如此類的話一直說個不停。有一個人看著他說：「木拉，你這麼一大早在詛咒誰？」木拉說：「誰？我不知道，但是不必擔心，遲早總會有人出現。」

奧修的意思就是告訴我們：「如果你充滿憤怒，這種事終究會發生，你只是在等待，遲早總會有人出現。」

有關命運的第一個道理，可以說：「人生的一切，就是你內心境界之投射。」我們心裡面怎麼看待自己，自己就是這個形象的投射，佛家說：「萬法唯心造。」講的也是這件事情。

就實然面而言，我們到底是怎麼想我們自己呢？這必定與我們現在的狀態有關。就應然面而言，開創自己的命運，也要靠「勇於想像」。敢想、敢大膽的期望，只要你敢想，你自己就會成爲這股能量，我們可以認爲「人生外在凡百現象，皆顯示了內心的現象。」每個人都可以按照他所需要的，去得到他在生命中想得到的東西，而不必去傷害他人或自己。

中國的《尙書》有說：「天視自我民視，天聽自我民聽。」其實我們也可以說，自己就是上帝，自己能夠愛自己，上帝就能夠賜福給你。自己不能夠愛自己，上帝雖想賜福，但也拿你沒辦法了。當你愛自己足夠時，恩典將爲你而來；當你不愛自己時，懲罰也將爲你而來。生命的一切苦難，都可視爲自我懲罰，**人類的靈魂是由老天的愛所分化出來的，自己愛自己的程度，就是老天愛你的程度，因爲萬法唯心，一切皆是自性之所變現。**

## □大師是大失

舉個例子而言，有一次在報紙上看到一則新聞，有記者訪問某大師，這位大師說了句很有意思的話，好像是說：「我回顧自己的預言，有百分之九十九是不準的。」「所謂大師其實是大失。」這位大師自己如此批判自己，令人啞然失笑。但這位預言經常不準、上電視經常胡說八道的大師的自況，不得不令人佩服其坦率眞誠。但我們還是要問：大師怎麼能胡說八道呢？胡說八道又怎能當大師呢？預言既然不準，但又不知效法金人、三緘其口，以致經常猜不準，大鬧笑話，這種胡說八道的大師，怎麼又常常被各傳播媒體尊爲大師呢？

若要深究其理，大師之所以是大師，其實不在於大師說了些什麼，而是大師的自我認定──「他自己就是大師，不折不扣。」君不見無論別人如何批評，大師上電視必定衣冠整齊、肅穆莊嚴，談吐緩慢沉穩，面帶長者笑容，拿起毛筆或是擺出手印，令人感覺主敬存誠、有模有樣，下筆則溫良恭儉，祈福必國泰民安。不少主持人心中暗自竊笑，但節目上必定大師長、大師短，恭恭敬敬，行禮如儀，所以不論怎樣胡說八道，大師永遠是大師，因爲他從內心而發出的力量，就是認定他自己是不折不扣的大師。

## □我是總統

猶記得台灣在一九九六年所舉行的總統大選，四位候選人分別是李登輝、彭明敏、林洋港和陳履安，在這四位候選人中，我們可以清楚看到兩種不同的選戰策略，當其他候選人紛紛用不同的方式攻擊李登輝時，李登輝則拚命推銷自己就是最適合的總統人選。當時李登輝的政敵放出種種風聲，例如說李登輝早年和共產黨掛勾過，又說李登輝是日本人等等，然後還有什麼某山莊房子有弊案，和某某高爾夫球場又有什麼牽連，總之就是要千方百計的證明，李登輝不適合當總統，但李登輝總統在那次選舉中，倒很少主動去攻擊他的政敵。

其實要當總統最重要的關鍵，就是對民眾說「我是總統」，而不是去否定別人；「他不配當總統，所以我是」的表述，落入了否定別人的思考模式，基本上即有「心虛」、「我不配」、「我不夠有價值」的潛意識成分。如果用「萬法唯心造」的原理來看這次選舉，我們就知道，拚命去否定別人的，即是否定自己。即使別人不配當總統，也不能證明我自己就是最適合的總統人選。李登輝的競選策略就是「我是總統」，只有一個動作的思考，而他的政敵們是用兩個動作的思考：「因爲李登輝不夠格當總統，所以我們之一是總統。」因此在生命層次上可說高下立判。

要當偉人不必先去打倒其他偉人，自己才被保證有機會當偉人，最重要就是有直下承擔的勇氣——「我就是」。如果認爲要先打倒別人自己才有機會，則可能在否定別人的時候，自己也跟著在宇宙本體層面否定了自己。

這個世界上任何一件事情發生，都會有一個以上的不同意見，如果您不反對這句話，可見您目前所持的態度，即是您選擇的結果。同一件事情，有人選擇成長與快樂，有人選擇心碎與痛苦。我們知道，快樂的人住在茅屋中也能快樂，不快樂的人，住在皇宮中也不會快樂。例如桌上放半杯水，悲觀的人說：「只剩半杯。」樂觀的人則說：「還有半杯。」因爲對一客觀事件，大家都有不同的看法，可見我們目前所持的態度，即是一種選擇之後的結果。你可以選擇凡事都往壞處想，也可以選擇凡事都往好處看，想想看同一剎那、同一地點誕生的兩個人，理論上命運應該類似。但一個人一生總是從好的方向看，發揮他天賦的優點，另一個人一生總是朝壞的方面看，並發揮其缺點，到生命結束時，其間的變化一定大不相同。

## □自己鬥垮自己

記得很久以前，因爲文字因緣，認識了一位「中國民主社會黨」的元老，他說黨的內部，因爲有心人士的滲透分化，所以紛紛擾擾、內鬥不休，但是他看到這些同志數十年鬥來鬥去，沒有誰能鬥垮誰。他感嘆的對筆者說：「誰也鬥不了誰，我看那些倒台的，都是自己鬥垮自己的！」這眞是幾十年生命經驗所發出的智慧之語。

一切唯心的法則，說明了萬事萬物創造的力量，都是由信念思想而起種子。信念思想是人類創造一切的基礎。俗話說：「自作自受」、「你給生命的，就是生命給你的。」在法界亦是同樣的眞理。你怎麼想，你自己就會變成怎麼樣，你對自己的意象負責，你也被自己的「意象」所影響。《華嚴》第四會，夜摩天宮，無量菩薩來集，說偈讚佛，覺林菩薩所說的一段贊佛說頌言，頗能表達一切唯心的這種宇宙法則：

譬如工畫師、分佈諸彩色、虛妄取異相、大種無差別、大種中無色、色中無大種、亦不離大種、而有色可得、心中無彩畫、彩畫中無心、然不離於心、有彩畫可得、彼心恆不住、無量難思議、示現一切色、各各不相知、譬如工畫師、不能知自心、而由心故畫、諸法性如是、心如工畫師、能畫諸世間、五蘊悉從生、無法而不造、如心佛亦爾、如佛眾生然、應知佛與心、體性皆無盡、若人知心行、普造諸世間、是人則見佛、了佛眞實性、心不住於身、身亦不住心、而能做佛事、自在未曾有。若人欲了知、三世一切佛、應觀法界性、一切唯心造。

一個人如能了解，自己須為看到的世界負起百分之百的責任，這個人就是眞正的勇者、眞正的大英雄了。

物以類聚

同類的事物會聚在一起，這也是我們這個宇宙中很重要的法則。就占星術而言，屬於同一性質的星座，最有作朋友或相聚的可能性。例如水象星座（雙魚、巨蟹、天蠍）、火象星座（白羊、獅子、人馬）、土象星座（金牛、處女、魔羯）、風象星座（雙子、天平、寶瓶）。例如我們常看到天蠍太陽的父親，生了天蠍月亮的兒子。獅子月亮的父親，生了獅子太陽的女兒。或者雙魚日座的太太嫁給了天蠍日座的先生，生了兩個巨蟹日座的兒子，還有都是天平日座的夫婦，生下雙子座和寶瓶座的一男一女。這些同類的星座，能夠結爲夫妻，有著父子、母女或朋友的緣份，都可以說是物以類聚的表現。

一切的能量，一切事物，皆以不同的頻率在振動。某件事物之所以異於另一件，唯一的原因，是有一些能量和頻率互相有別。中國的《易經》乾卦中說道：「同聲相應、同氣相求。水流濕、火就燥。雲從龍、風從虎、聖人作而萬物睹。本乎天者親上，本乎地者親下，則各從其類也。」我們身體中的每個分子，和其他分子維持某種關係，都是由共振的頻率所規劃。就好像微笑、哈欠、憤怒會發生共鳴一般，將樂器的音叉調到某個音符，也會引起相同頻率的共鳴。就此一觀點而言，即是「方以類聚、物以群分」。不同振動的東西，各自在它們的軌道上爲相似的頻率所吸引，這就是共鳴的因素。

## □事業失敗的秘密

舉例而言：我認識一對夫婦，共同打拚事業，但長期以來生意不順，虧損累累，所有客戶來談的生意，都因爲種種原因，不是談不成就是結果不好。這對夫婦在我的書房跟我訴說這幾年的種種不順。等到他們離開後，我發現我整個人也都陷入悲觀和憂鬱，整整好幾天都如此。當然我警覺到了，這可能是這對夫婦所留下的負面能量，只是沒想到這麼地強烈。我從占星圖上給予建議，認為這位太太可以在這個行業繼續執業下去，先生最好出外上班，讓別人聘請，不要作老闆，尤其是這對夫妻暫時不要共事。先生聽從我的建議去上班後，過了半年，該對夫婦又來看我，這次完全不一樣了，不僅面露微笑、喜上眉梢，還告訴我最近生意改善很多。太太一個人經營事業的營收，比過往夫婦一同打拚的業績還高；自從先生去上班後，來往的客戶又都變了，好像換了一批新朋友，這批新朋友做生意的態度都比較踏實，因此不會口惠無實或者勞而無獲了。

其實我早就看出來這對夫妻的問題，不是努力太少，而是爭吵太多。這幾年事業上的財務重擔，早就壓得他們喘不過氣來，造成了精神上的極度壓力，因此平日在公司，創造了一種不和諧的氣氛，當公司只有他們夫妻兩人時，幾乎都是在互相指責與爭吵中渡過，所以只能吸引同樣有問題的客戶來打交道，這些人之間是很難談成什麼事情的，當然更加不能改善日益艱困的財務狀況。我鼓勵先生出外上班，其實也就迅速改善了辦公室的氣氛。像這種問題，完全與努力無關，而是自己消耗了自己的力量而不自知。因此只有女方一人在公司主持業務，業績反而要比以往夫婦合力經營還要好。由於公司的能量場改變，所吸引來的客戶當然是一批新的「貴人」。

俗話說：「有緣千里來相會。」我們要了解，同聲相應、同氣相求、方以類聚、物以群分的道理，每種振動都牽涉到頻率、聲音和溫度。岩石、昆蟲、植物和人類，以及其他的各種東西，其振動方式都是不一樣的。**萬物各有其獨特的振動頻率和能量型態，能夠聚在一起，必然有其同類之因緣。**不好的事情來相應，必定要檢討出自身所存在的負面能量。只要檢討出生活上出問題的原因，改變自己的能量狀況，生命的問題隨之迎刃而解。記得，我們是擁有人類經驗的精神，而不是試圖擁有精神經驗的人類。所以說，人生眞正的力量，在內而不在外。

## 相對法則

中國文化中，有強調陰陽兩種力量的對立和調和。例如十二個星座，其實只有六個能量點，一陰一陽的對稱性發展，形成了十二個星座。其實每一對星座中，都互相含有對宮的隱藏性特色，這也反映了這個宇宙的實象——**任何對立的事物**

**間，皆有共通的本質。**

陽性星座使人性格上會出現積極、主動、樂觀、進取等陽性特質，包括白羊、雙子、獅子、天平、人馬、寶瓶等六個星座。陰性星座使人性格上會呈現消極、被動、悲觀、深沉等陰性的特質，包括金牛、巨蟹、處女、天蠍、魔羯、雙魚等六個星座。例如白羊天平本質一致而發展相反，但相反之中，有相需相成，也有邏輯上的共通性，天平太強會變成白羊，白羊太強也會變成天平，用中國人的思維而言，就是「物極必反」。同樣的情況，也發生在金牛天蠍這一對，雙子人馬、巨蟹魔羯、獅子寶瓶、處女雙魚等等亦復如是。所以我們知道，每一個星座都隱含了本身的正負兩種變化，和對宮的正負兩種變化，因此可能會有四種變化。舉例而言，白羊座的正負兩個變化，和天平座的正負兩個變化，都可能發生在白羊座的生命現象中，當然也可能發生在天平座的生命現象中。

## □缺點即優點

了解相對的道理之後，也可以讓我們明白，優點就是缺點，缺點也就是優點。

善用者，在輕易自在間，缺點就變成優點了，至於善不善用，就看你的智慧了。

以星座而言，十二星座各有缺點，亦有其提昇方式，例如：

| 星座 | 原罪 | 提昇方式 |
|---|---|---|
| 白羊座 | 自私自利 | 要將自私化爲增強自我才能，自利化爲表達自我才能。 |
| 金牛座 | 物慾貪婪 | 要將物慾化爲感官之美，貪婪化爲心中有愛，創造財富。 |
| 雙子座 | 矛盾膚淺 | 要將矛盾化爲多種聲音，企畫力強，膚淺化爲資訊傳播迅速。 |
| 巨蟹座 | 敏感焦慮 | 要將敏感化爲溫柔體貼，焦慮化爲勤奮努力。 |
| 獅子座 | 驕奢自大 | 要將驕奢化爲有遠見肯投資，自大化爲領導能力強。 |
| 處女座 | 挑剔嘮叨 | 要將挑剔化爲要求完美，嘮叨化爲不斷提高注意力。 |
| 天平座 | 狡猾搖擺 | 要將狡猾化爲八面玲瓏，人際關係佳。搖擺化爲謹慎決策，不做沒把握的事。 |
| 天蠍座 | 嫉妒悲憤 | 要將嫉妒化爲吸收能量的魅力，悲憤化爲火鳳凰之浴火重生。 |
| 人馬座 | 急躁粗魯 | 要將急躁化爲行動力強，粗魯化爲爽快正直。 |
| 魔羯座 | 惟利是圖 | 要將惟利是圖化爲事業心重，責任感強。 |
| 寶瓶座 | 叛逆冷酷 | 要將叛逆化爲創意發明，冷酷化爲冷靜理性。 |
| 雙魚座 | 濫情軟弱 | 要將濫情化爲同情心強，軟弱化爲肯包容犧牲之美德。 |

我們去觀察物理的世界，都是雙雙成對的對立二極，於是我們知道宇宙的結構，即是對立卻互補的兩極的互動，我們看到了這個世界的正／負、男／女、好／壞、善／惡。所有創造物的力量、能源和物質，有生命的和無生命的，都是建立在這個性別和對立的原則之上。如果山谷填滿了，山就消失了！沒有黑暗就沒有光；沒有混亂就沒有秩序；沒有悲哀就不會有歡樂；沒有失敗就不會有成功；沒有愚蠢就不會有智慧；沒有壞人就不會有好人等等，所有這些極端，都是促進我們經驗生存的假象。它們提供我們必要的指涉架構，沒有它，我們眞的會不知道那一端才是上方。

沒有苦就沒有樂，沒有壞人就沒有好人，沒有「菩提達多」來處處作障，就沒有「悉達多」太子的成就道業。沒有壞運之壞，也不能凸顯好運之好。天將降大任於斯人也，必先苦其心志。所以偉人受人欽羨，但都是命運坎坷，而平庸百姓卻又身在福中不知福。其實人生在某個層次上，都要了解這種相對性，好運壞運交替而作，上天加福有時是逆著來的。人生有時，就如同股市的自然現象，大起必大落，急漲必急跌。反過來說，大落者亦有大起的機會，急跌中乃有急漲的契機。對這個現象有興趣的讀者，可以詳細閱讀舊約聖經的〈約伯記〉，這是個非常有趣的故事，相信必有奇妙的領悟。

## □寶王三昧念佛直指

了解相對的道理，讓我們凡事可以用不同的角度，切入觀察。老子說：「禍兮福所倚、福兮禍所伏」，「塞翁失馬、焉知非福」，既然如此，逆境可以化爲助境，煩惱也就等同智慧了。「寶王三昧念佛直指」提供我們一些人生中相對的思考模式：

念身不求無病，身無病則貪欲易生，是故聖人設化，以病苦爲良藥。

處世不求無難，世無難則驕奢必起，是故聖人設化，以患難爲逍遙。

究心不求無障，心無障則所學躐等，是故聖人設化，以遮障爲解脫。

立行不求無魔，行無魔則誓立不堅，是故聖人設化，以群魔爲法侶。

謀事不求易成，事易成則志存輕慢，是故聖人設化，以留難爲成就。

交情不求益吾，情益吾則虧損道義，是故聖人設化，以淡交爲資糧。

於人不求順適，人順適則心必自矜，是故聖人設化，以逆人爲園林。

施德不求望報，德望報則意有所圖，是故聖人設化，以布德爲棄屣。

見利不求沾分，利沾分則癡心亦動，是故聖人設化，以疏利爲富貴。

被抑不求申明，抑申明則怨恨滋生，是故聖人設化，以屈抑爲行門。

了解宇宙這種相對性，可以更公平、更寬容的面對我們生命中的逆境，以及面對很多討厭的人物。這些惡緣的出現，有時反而是來幫忙我們的，生命中的每一個惡緣，其實背後都有一個更高層次的意義，都可以「逆增上緣」視之。其實所有的對立，都是相同事情的兩極，它們會是我們最偉大的導師。它們讓我們知道自己什麼時候偏離正軌，教我們區辨，伸展我們的能力和容量。所有的對立是互補的，而且最終都將爲生命的更高目的而服務。理解了相對性的法則，我們就學到和諧之路以及極端之間的通道。這種現象撫育我們的精神成長，使我們免於近視和單向觀察。提醒我們兩隻眼睛要保持明亮，那麼我們就可看到更多、更大的遠景。

## 因果法則

凡事必有其因果關係，這乃是老生常談，善有善因、惡有惡果，但運用到人事當中，我們強調，任何事情發生的那個「因」，乃是藏在人的信念之中，必然有一個心理因素，導致了你目前生活的結果。

從占星術來看因果律是很有趣的課題，在日地相對關係中，每年太陽從春分點（黃赤交角）移動到下一次進入春分點之前，我們叫做一個回歸年，這時從地球的眼光觀察出去，太陽是從白羊座經過金牛座、雙子座、巨蟹座、獅子座、處女座、天平座、天蠍座、人馬座、魔羯座、寶瓶座、雙魚座等十二個星座。

按照這個次序，每一個星座皆是其後面一個星座的「因」，也是其前面一個星座的「果」。舉例而言，金牛座是雙子座的「因」，金牛座亦是白羊座的「果」。同樣的，雙子是金牛之「果」，而雙子乃巨蟹之「因」。

因為十二個星座代表天道的十二個課程，每個課程皆與前後星座的課程環環相扣：

白羊座代表「生命」的課程。
金牛座代表「資源」的課程。
雙子座代表「溝通」的課程。
巨蟹座代表「家庭」的課程。
獅子座代表「創造」的課程。
處女座代表「服務」的課程。
天平座代表「合作」的課程。
天蠍座代表「療癒」的課程。
人馬座代表「自由」的課程。
魔羯座代表「成功」的課程。
寶瓶座代表「博愛」的課程。
雙魚座代表「解脫」的課程。

## □課程因果環環相扣

要問你能否進入天人合一之境界（解脫），必追究你是否豐富圓滿、了無遺憾，且能愛人如愛己（博愛）。而這又要追究到，你是否達成了自己的成功標準，願意爲自己的人生負責（成功）。所以雙魚的「因」在於寶瓶，寶瓶座的「因」在於魔羯。

成功前的準備，在於是否累積了爲成功而準備的專業知識，是否有開闊的眼界，讀萬卷書、行萬里路呢？此種能夠自由自在提昇自己的力量，乃在於靈魂中能夠自我療傷止痛，毫無遺憾。可見魔羯的「因」在於人馬，人馬的「因」在於天蠍。

又如要問你是否能有很好的職業（服務），必要追究是否開發創造的泉源（創造），有好的創造力才會有好的職業嘛！爲什麼會有好的創造力呢？那就要問安全感是否具足？是否自認是被喜愛的、勇於表達自己的天賦？所以獅子座的根源還是在巨蟹座的家庭，而要了解成長時期家庭的安全感如何，可以觀察此人和外界溝通的模式，這就是巨蟹座的因乃在於雙子。十二個星座所代表的課程，環環相扣，往往類此。

根據占星術的說法，有三個星座與果報的償還有密切關係。我們每一個人多多少少都必須爲所有的果報負責，未曾學過的生活教訓都是必須付出代價的。十二個星座課程相扣，是就人生學習的層面和課程的安排，來凸顯因果關係，但雙魚、巨蟹和天蠍這三個星座，特別指涉的是因果報應的償還現象。就負面現象而言，生命透過受苦受難（雙魚）、勞心或死亡（天蠍）、以及生兒育女、傳宗接代（巨蟹）來償付果報。但是雙魚座也是「奇蹟課程」、巨蟹座也是「愛的課程」、天蠍座也是「療傷止痛課程」。所以從正面而言，也就是地球上每一個生命，都在有意無意中，透過奇蹟、透過愛、透過療癒來償付果報。

## 週期法則

春、夏、秋、冬是中國人能感受的，最普遍又強烈的一種週期現象。所謂春天，並不僅是外在世界變成春天了，你的內在身心靈各方面，同時也都變化成春天的能量了。週期法則強烈地影響了我們的生命。

自然節奏和宇宙時間頻率的無窮結合，影響著地球上的生命。太陽在將近三十天左右，經過一個星座。每年在365.2422日的固定時間裡，經過十二個星座，我們叫做「回歸年」。月亮經過十二星座的時間約29.5日，我們叫做「朔望月」。木星則在11.86年的時間內經過十二個星座，這和中國十二生肖的週期關係密切。女性自然的月經是和每個月月亮的循環同步。而大部分人到了大約三十歲時，就體驗到生命的改變，這在星象學上的意義是，土星的軌道又回到一個人出生時的那個位置。太陽黑子的循環、行星運動、黃道十二宮每個月的影響、以及大的星象時代，我們太陽年（solar year）的季節和大年（great year）的季節，都由兩萬五千八百年左右的循環，即著名的歲差（分點退行）運動來表示。

在占星術的判斷中，某些生命中重要的年紀，可能會發生影響人生的重大事件，倒不一定是吉或凶的論斷，但是值得我們高度注意。

## □生命中重要的年紀

| | |
|---|---|
| 7歲 | 流年土星與本生年土星呈90度相刑 |
| 9－11歲 | 流年木星回到本生年木星位置 |
| 14－15歲 | 流年土星與本生年土星180度對衝 |
| 17－18歲 | 第二次流年木星衝本生年木星 |
| 19歲 | 流年羅侯計都回到本生年羅侯計都位置 |
| 21－22歲 | 流年土星與本生年土星呈90度相刑 |
| 23－24歲 | 流年木星第二度回到本生年木星位置 |
| 25－26歲 | 流年凱倫星與本生年凱倫星呈180度對衝 |
| 27－28歲 | 1. 推運月亮回到原來位置<br>2. 流年天王星與本命天王星呈120度三合<br>3. 流年羅喉與本命計都相合，流年計都與本命羅侯相合 |

| | |
|---|---|
| 28-30歲 | 1.流年土星第一次回到本生年土星位置<br>2.第三次流年木星衝本生年木星<br>3.推運盤中日月角度與本命日月角度一致 |
| 35-37歲 | 1.流年土星與本生年土星呈90度相刑<br>2.流年木星第三度回到本生年木星位置 |
| 38歲前後 | 流年羅侯計都回到本生年羅侯計都 |
| 38-42歲 | 流年天王星與本生年天王星呈180度相衝 |
| 41-42歲 | 1.第四次流年木星180度衝本生年木星<br>2.流年海王星與本生年海王星呈90度相刑 |
| 43-44歲 | 流年土星與本生年土星呈180度對衝 |
| 47-48歲 | 1.流年羅喉與本命計都相合，流年計都與本命羅侯相合<br>2.流年木星第四度回到本生年木星位置 |
| 50-51歲 | 1.流年土星與本生年土星呈90度相刑<br>2.流年凱倫星回到本生年凱倫星位置 |
| 53-54歲 | 第五次流年木星180度衝本生年木星 |
| 55歲 | 推運月亮第二度回到原來位置 |

| | |
|---|---|
| 56歲 | 1.流年天王星與本命天王星呈120度三合<br>2.流年羅侯計都回到本生年羅侯計都位置 |
| 56-58歲 | 流年土星第二次回到本生年土星位置 |
| 59-60歲 | 1.流年木星第五度回到本生年木星位置<br>2.推運盤中日月角度與本命日月角度一致 |
| 63歲前後 | 流年天王星與本命天王星呈90度相刑 |
| 65-66歲 | 1.流年土星與本生年土星呈90度相刑<br>2.第六次流年木星180度衝本生年木星<br>3.流年羅喉與本命計都相合，流年計都與本命羅侯相合 |
| 72-73歲 | 1.流年土星與本生年土星呈180度對衝<br>2.流年木星第六度回到本生年木星位置 |
| 76-84歲 | 流年天王星回到本命天王星位置 |
| 77-78歲 | 第七次流年木星180度衝本生年木星 |
| 79-80歲 | 流年土星與本生年土星呈90度相刑 |
| 82歲前後 | 流年海王星與本命海王星呈180度相衝 |

| | |
|---|---|
| 83-85歲前後 | 1.流年木星第七度回到本生年木星位置<br>2.流年羅喉與本命計都相合，流年計都與本命羅侯相合 |
| 87-88歲 | 流年土星第三次回到本生年土星位置 |
| 89-90歲 | 第八次流年木星180度衝本生年木星 |
| 94-95歲 | 流年土星與本生年土星呈90度相刑 |
| 95-96歲 | 1.流年木星第八度回到本生年木星位置<br>2.流年羅侯計都回到本生年羅侯計都位置 |
| 100-101歲 | 第九次流年木星180度衝本生年木星 |
| 101-102歲 | 1.流年土星與本生年土星呈180度對衝<br>2.流年凱倫星回到本生年凱倫星位置 |
| 104歲前後 | 流年羅喉與本命計都相合，流年計都與本命羅侯相合 |
| 107歲前後 | 流年木星第九度回到本生年木星位置 |
| 108-109歲 | 流年土星與本生年土星呈90度相刑 |
| 112-113歲 | 第十次流年木星180度衝本生年木星 |

| | |
|---|---|
| 114歲前後 | 流年羅侯計都回到本生年羅侯計都位置 |
| 116-117歲 | 流年土星第四次回到本生年土星位置 |
| 119歲前後 | 流年木星第十度回到本生年木星位置 |
| 123歲前後 | 1. 第十一次流年木星180度衝本生年木星<br>2. 流年海王星與本命海王星呈90度相刑 |

## □舊約傳道書

有關人生或大自然的週期現象，講得更明白的，可看《舊約・傳道書》第三章一段：「凡事都有定期，天下萬務都有定時，生有時、死有時、栽種有時、拔出所栽種的也有時、殺戮有時、醫治有時、拆毀有時、建造有時、哭有時、笑有時、哀慟有時、跳舞有時、拋擲石頭有時、堆聚石頭有時、懷抱有時、不懷抱有時、尋找有時、失落有時、保守有時、捨棄有時、撕裂有時、縫補有時、靜默有時、言語有時、喜愛有時、恨惡有時、爭戰有時、和好有時，這樣看來，作事的人在他的勞碌上有甚麼益處呢？我見神叫世人勞苦，使他們在其中受經練。神造萬物，各按其時成爲美好，又將永生安置在世人心裡，然而神從始至終的作爲，人不能參透。我知道世人，莫強如終身喜樂行善，並且人人喫喝，在他的一切勞碌中享福，這也是神的恩賜，我知道神一切所作的，都必永存，無所增添，無所減少，神這樣行，是要人在他面前存敬畏的心，現今的事早先就有了，將來的事早已也有了，並且神使已過的事重新再來。」

占星術中類似的這些週期很多，其他的生物節奏，比如表現在我們二十三天的身體能量循環；二十八天的情緒循環；以及一個三十三天關於心智能力的循環。但總而言之一句話，週期律告訴我們，風水輪流轉，不必羨慕他人。對週期法則的理解，有助於使人在越來越不協調中，聽到根本的和諧節奏。它讓你知道什麼時候和弦變調了，什麼時候生命的大圖像要激烈地變形。

從週期定律使我們可以了解，每一個人都有他的高潮，屬於他自己得志的時間，俗話說：「乞丐也有三年運。」因此要是追趕流行，可能永遠也追不上，如果等待流行來追趕我們，那就是走到時代的尖端了。

## 天人相感

週期律也透露了「天人相感」的道理。天道和人事的相互感應，表現在人體結構上，也表現在天道運行上，也表現在這個宇宙的萬事萬物上。

古希臘人藉著作爲男神和女神、英雄和英雌的行星與星座，將人的心理原型具象化，並把將它們融入故事和複雜的天上神話裡。在東方道家和儒家的哲學裡，五行理論也將行星和身體器官連結起來。星象學研究天體的位置和方向，以及它們對人類事務的影響。黃道十二宮的象徵，不僅是宇宙也是個人的藍圖，它本質上包括了所有可能經驗的整體。例如天球有黃道十二宮，每一宮都代表人身體內外的一個部份與其功能。中國傳統醫學認爲人體有十二經絡。

占星術認爲手術原則與月亮有關，那就是不要在月亮進入該星座所管身體部位時，動該部位之手術。例如月亮居於白羊座時不應動頭部之手術，居於金牛座時不應動喉部之手術，居於雙子座時不應動肩、背、手、肺部之手術，居於巨蟹座時不應動胸、胃、脾部之手術，居於獅子座時不應動心臟、脊椎之手術，居於處女座時不應動大小腸、腹部之手術，居於天平座時不應動腎臟、膀胱之手術，居於天蠍座時不應動內外生殖器官之手術，居於人馬座時不應動兩股、臀部、大腿之手術，居於魔羯座時不應動兩膝、骨骼之手術，居於寶瓶座時不應動足脛骨之手術，居於雙魚座時不應動兩腳之手術。

另外，占星家相信，受孕時月亮的位置，與胎兒的性別有密切關係，例如夫妻圓房而受孕時，若月亮正居於白羊座、雙子座、獅子座、天平座、人馬座、寶瓶座等陽性星座，則胎兒的性別爲男生；如受孕時月亮正居於金牛座、巨蟹座、處女座、天蠍座、魔羯座、雙魚座等陰性星座，則胎兒的性別爲女生。

## □生物時間治療學

相同的系統和相同的組織原則，既宰制大宇宙，也掌控微宇宙。例如，在原子中的微太陽系，我們看到電子繞行原子核，就像行星環繞太陽一樣。中國近五千年來，年平均氣溫曾發生過多次急遽的變動。如果將朝代變更與氣溫波動聯繫起來，則可發現商周之交、西漢與東漢之際、北宋與南宋之間、元與明之際、明與清之際、清代與民國現代之交，氣溫均出現過較劇烈的變動，這說明大自然變化對社會發展有著某種程度的影響。目前在歐洲，有門「生物時間治療學」的學科，講究的是醫師給藥及執行臨床診斷檢驗時，也要挑個良辰吉時。爲什麼醫生看病及患者服藥都要依時辰辦事？因爲這樣才能使治療效果及診斷結果更好更準確。這門學問在歐洲已臻成熟，目前在美國也日益受重視。原來，經過多時觀察、研究，科學家發現，自然宇宙的運行，有著一定的律動和節奏，而人體各項生理反應的進行，包括賀爾蒙的分泌、血液循環及細胞的分裂，似乎亦隨日夜及四季之運轉而波動、起伏。

根據經驗，人類的死亡時間和月亮的朔、望、二弦（上弦月和下弦月）以及中國的24節氣時刻密切相關，尤其是醫療照顧良好的病人更容易在這些時刻死亡，例如孫中山逝於民國14年3月12日，接近農曆2月滿月，滿月時刻爲3月10日22時21分。蔣中正逝於民國64年4月5日，接近清明節，交清明節爲4月5日18時2分，此時間亦接近農曆2月下弦月，交下弦月時刻爲4月3日20時25分。毛澤東逝於民國65年9月9日0時10分，接近農曆8月滿月，滿月時刻是9月8

日20時52分。蔣經國逝於民國77年1月13日，接近農曆11月的下弦月，交下弦時刻爲1月12日的15時4分。

## □月亮與月經的實驗

有關天人相感的實例，再舉一例而言。占星學家一向強調月亮對人類的影響，例如女性的月經週期和爲期約二十八天的月亮週期有關，那麼爲什麼許多女性的月經週期並不規則呢？有人認爲這是燈光代替了月光，而使月亮的時鐘功能逐漸喪失影響力。因此美國曾有一個實驗，由Dr. E. M. Dewan和他的助手Dr. John Rock合作，安排了二十位月經長期不規則的女性，從月經週期的第十四天開始，連續三個晚上，都讓臥室內的燈光大放光明。實驗結果相當有趣，所有女性的月經週期全都變得規則化，有關這項實驗成果的報告，曾發表於美國聞名的《美國婦產醫學雜誌》上。

正由於人類的生理變化乃隨時間進行而呈現波動起伏之勢，因此，以往診斷學界所訂定之「絕對」正常參考數值，已逐漸受到質疑。新興中的「生物時間學」，已致力於針對不同的偵測時間點，訂出不同的「正常」參考數值，以幫助醫師們擺脫「時間」因子的干擾，做出最正確的診斷。此外，醫學診斷也明顯地顯示生物律動的影響。科學家們發現，藥物的吸收、代謝速率似乎也隨著人類的生理節奏而起伏，這主要是因爲，影響藥物吸收的幾項關鍵性生理反應，例如：胃腸蠕動速率、胃酸分泌多寡，以及通過肝、腎、腸胃的血流，均呈「一日數變」的律動性，因此，醫師用藥時，若能與生理節拍相應和，不僅能大幅增加藥物的有效性，還同時能降低其產生之副作用。目前這門幫助醫師愼選用藥時辰以趨吉避凶的學問——「生物時間治療學」——已由歐洲大本營包括德國、義大利及法國，傳到美國。由於愈來愈多的臨床證據顯示，許多病症如過敏性鼻炎、心絞痛、風濕性關節炎、肩關節炎、氣喘、癲癇、高血壓、胃潰瘍的發作，皆遵循著日夜、四季的變化步調，「生物時間治療學」的發展遂一日千里。

## □上行下效

希伯來、希臘的經典和聖經告訴我們，人類是依神的「形象和樣式」創造出來的。有關天人相感的道理，中國的老子曾如是說：「人法地、地法天、天法道、道法自然。」白話解釋起來，也就是人類從地球獲得能量，而地球的能量場受太陽系的能量場變化而影響。西諺也有「上行下效」的律則——「上面是怎樣的，下面就是那樣。」世界的智慧傳統教導我們，每一件事都在我們裡面，宇宙和自我是相互反映、互攝互入的。裡與外、上與下都聚集在個人之中。宇宙的中央就是每一個地方，也在我們裡面。天文學和星象學在事實上和功能上是密切關連的。透過宗教和建築，以前的人不僅在文字上，而且在象徵上，都嘗試要把他們自己和天地聯合起來。儀式和祭典，與星星的變動、季節的轉換是相配合的。因此，播秧、收割、下肥循環輪替，人類事務也是跟隨著那樣變換。古人不僅了解「上面是什麼，下面就是什麼」的原理，還以一種我們只能欣賞的方式，來讓這個法則為他們效力。

由於天人相感，我們可以了解，人類的生命現象，是十分複雜的一件事。人容易受到外在環境的刺激、影響，但人類本身也有自由意識，透過了解、觀照、自覺，人類本身，也有部分扭轉乾坤、改變命運的能力。所以中國人對宇宙萬物的分析，上溯《易經》源流，都是強調天、地、人三才並重，也就是說任何一件事情，都有天時星象的因素；有地的因素，像是全球地緣因素、居住的環境、地理風水；也有人的因素，例如人爲的努力、遺傳、性情、意念、修養的因素等等。而天地人的關係是互攝互入的，天中有人地，地中有人天，人中有天地。

## □改運不難，偵錯最難

這麼複雜的生命現象，一旦出了問題，其實最困難的就是「偵錯」，所以改風水不難、改姓名不難，眞正難的是「偵錯」——查出到底問題是出在那裡。到底是天時出問題，目前時機不對？還是要忍辱負重？還是要調整方向？還是要改弦易轍？還是人爲努力不夠，應該苦撐待變、勉力以赴？還是地理風水上出問題，應該搬家、移動方位、重新裝潢、調整音量、調整顏色、調整溫度、增設改運家具物品？還是名字不對，該重取名號，討個吉利？這些因素綜合討論起來，眞是公說公有理、婆說婆有理。觀諸歷史上很多事情，都是在疑似難明之間，很難做決策，一旦決策作出來之後，效果顯現了，後人就容易評論高低，但已經是「事後諸葛」或「後見之明」了。

我們知道，有時電腦出個問題，請工程師來修理，檢查了半天，還搞不清問題出在那裡，儘管有一大堆設計精密的偵錯軟體幫助我們檢查電腦狀況，但有時也發揮不了作用。何況人的構造如此精密，生命現象如此複雜多變化，要偵錯其實非小心謹慎不可。例如這幾年流行「改名」，有些人來電詢問筆者：「想改個名字，不知是否改名字就可開運，事情就會順利很多？」如果以賺錢的眼光來看，生意自動上門還不好嗎？但如從尊重生命的觀點來看，筆者都會苦口婆心的勸導：問題要眞的出在名字上，改名才有作用，若問題不是出在名字上，改名有個屁用！所以改名是否眞能改運，也要先研究研究嘛！何況一個人倒楣到了想改名，也應該是眞的很倒楣了，若是花幾千塊取個新名字能夠解決問題，倒也要恭喜一番，但是如果連名字都改了，運氣還不見改善，請問這個人是不是自信心更低落？請問此人以後要如何看待自己、如何面對自己？更可笑的是，現在流行的姓名學主流，是以名字的筆劃數來論斷姓名吉凶，但其實一個命字的意義、音韻、五行、卦理等等，都對當事人的生命現象產生作用，那裡是一個筆劃因素就能夠一手遮天的呢？這些都是把人生現象單一歸因、甚或錯誤歸因的結果，其實也就是不了解三才並列、天人相感的道理。

## 平衡法則

占星術的十二宮，代表人生的十二個面向。占星術分為先天盤和後天盤，所謂先天盤，即是指星曜落入黃道十二宮，只是改以地球為中心，繪出行星（包括衛星月球和恆星太陽）在內沿著黃道面繞行地球的天宮圖，依次為春分點之後的第一宮白羊座到第十二宮雙魚座，這在英文中用「sign」來表示，和後天盤用「house」來代表十二宮不太一樣。

所謂後天盤，就是以人出生後剪斷臍帶的剎那，作為推斷命運之起始點。在出生地點劃分當地時空而成的天宮圖。後天盤因地球自轉，而在命盤上隨時間變動而左旋，先天盤則因天體運動而在黃道上右旋。晚進占星術的發展，運用球面天文三角之運算，每四分鐘立一命度，非常精密。運用後天盤的原理，我們可以明白：同時出生者，因地點經緯度的不同而有不同的十二宮（house）。說得通俗一點，假如在某一剎那同時誕生的嬰兒，一在台北，一在紐約，則此二地點所見之天空必不一樣，所見之太陽位置也不一樣。

基本上，占星術是以個人出生時，東方地平線上升起來的星座爲基準，稱爲上升星座或東昇點（ascendant），也稱命宮，依次逆時鐘分布第二財帛宮、第三兄弟宮、第四田宅宮、第五子女宮、第六奴僕（健康）宮、第七夫妻宮、第八疾厄（死亡）宮、第九遷移宮、第十官祿宮、第十一福德（社團）宮、第十二相貌（因果）宮等十二宮。

## □生活面向互相依存

占星術的十二宮告訴我們，生命的原理，是生活各個面向互相依存的，每一宮都會影響到其他宮位。所以事業不只是事業，婚姻會影響到事業，家庭也會影響到事業；婚姻不只是婚姻，生命的態度、人格的健全也會影響到婚姻，或親密關係；家庭不只是家庭，婚姻會影響家庭、事業會影響家庭、人格的健全也會影響家庭。**生命的圓滿，要求之於生活各個面向的平衡**，某一方面太過極端，大好或大壞，都會引起其他方面的問題。

所以平衡的的道理也告訴我們，陰陽之間的平衡、動靜之間的平衡、工作和休閒的平衡、都市化和大自然的平衡。天道對於萬物權利的分配最爲平衡，拿禽獸來說，那有爪牙的，往往便缺少犄角，那有羽翼的，往往便缺少爪牙。生命之網維持所有東西之間微妙的平衡，違反自然律導致不平衡，又創造更多的不平衡，每一事物都是相互依賴的，而且也都參加到全體之中。滲透作用在我們的身體裡，經由多餘和不足的能量、養份、和廢物的自由流動及交換，來維持身體平衡。過去一百五十年來（特別是從工業革命以來），我們對地球任意的予取予求，已不可復原地破壞了自然動能的平衡，現在我們必須要面對這個後果。

## □無性夫妻陰陽不調

以陰陽平衡而言，舉個例子，現代因爲生活忙碌、壓力大，很多夫妻之間完全沒有性生活，造成所謂的「無性夫妻」。我們整個社會在「性」方面的資訊愈來愈充足，「性」方面的態度也愈來愈開放，其實內在的「性」能量愈空虛，外在的

「性」話題就愈強調。有不少現代人過了四十歲之後就百病叢生、急速衰老了，爲什麼在正當「壯盛之年」時，反而生命力迅速消失呢？性是活力的代表，當我們有活力，就會對很多事務有熱情，跟著豐富就進來。「少年縱慾、中年無慾」的現象，顯示了現代人體內陰陽不平衡之一端，「無性夫妻」的生活，使得現代人陰陽不調，甚至不到四十歲，就顯得老化而體弱多病。

都市人「靜」多而「動」少，這顯示出動靜方面的不平衡。平日用腦過度、運動量缺乏，造成容易緊張焦慮，腸胃機能受影響、睡眠狀態受影響。在都市中，人類以水泥隔絕了大自然，也隔絕了大地之母的力量。現代的都市人幻想可以在蝸居中生存，一天工作十二個小時以上來淘金，三百六十五天全年無休，忍受著垃圾食物的生活品質，空氣和水質都在持續污染之中，他們認爲這是理所當然的生活。但情緒和身體有別於頭腦的指令，有一天他們發現頭腦已經控制不了全局，他們陷入了無病呻吟，甚至是憂鬱症或變態心理。「動」「靜」間的不平衡，和「都市」與「自然」間的不平衡，讓我們了解，能量是整體的，生活即反映了這個能量狀態。黃道十二宮的平衡，代表生命和生活的拓展，是追求各方面的平衡發展。

把焦點放在努力工作以求突破，不過是現代人的幻想，工作和休閒之間一定要獲得平衡。人類能夠承受的壓力有限，長期虐待自己只會造成更大的損失。

## □現代小孩缺乏生命力

爲什麼現代教育問題層出不窮？都市的小孩爲什麼這麼脆弱，不能打、不能罵、不能給予壓力、根本不能碰？創造台灣經濟奇蹟的這一代，成長過程雖然物質匱乏，但他們與大自然在一起。當他們回憶成長過程時，充斥著大自然提供的生命力，儘管父母毒打、師長體罰、白色恐怖，但大自然是生生不息的，大自然代表這一代茁壯的生命力。都市的小孩有知識，但欠缺的就是泥土的芬芳，當都市的水泥隔絕了他們與大地之母的聯繫時，就會表演脆弱、敏感、憂鬱甚至自殺。未來的教育問題之所以會愈來愈嚴重，因爲家庭破裂、因爲大自然不在、因爲人生只剩下了單調的消費和生產，我們在文明的囚牢裡，卻找不著那個關閉我們的柵欄。

平衡法則告訴我們，婚姻不僅僅是婚姻，良好的婚姻有助於事業，有助於賺錢，生兒育女不僅僅是束縛，小孩的生命發展自然也帶動了我們的人生，讓我們非去經驗某些生命的事件，同時也擴大了我們的自由。透過「愛情」這扇門，我們不是經歷了更多嗎？同樣的，透過「小孩」這扇門，我們也進入了不同的時空領域，打開了不同的生命能量。**人生唯有追求平衡發展，並了解每一個生活的面向皆與其他面向息息相關、密不可分，才能走向豐富而圓滿的人生境界。**

## 「變」是不變的道理

地球繞著太陽轉，太陽繞著銀河系的中心在轉，而銀河系所屬的本星系群，又以更高的速度向長蛇座奔去。事實上，銀河系所屬的本星系群又與其他的星系群組成更大的超星系團，以更高的速度，向未知的宇宙深處的物質積聚中心運動。這個宇宙時時刻刻在變化之中，變遷的法則就是宇宙的秩序，電子可以慢慢地螺旋轉向它們的原子核，然後變成質子。以類似的方式，我們可以想像，我們的太陽是太陽系螺旋的中心點，在其中，彗星變成行星，而行星到最後為太陽補充能量。

如同我們的宇宙時時刻刻在變，萬事萬物沒有不變的，唯有「變」是不變的道理。每年都有春天，但每年的春天還是發生不一樣的事情，變的道理發生在日常生活中。有人名之爲「無常」，「無常」聽起來令人害怕，但「無常」其實也是宇宙中最大的祝福。了解「無常」的道理，才知道窮人也有變成富人的可能，貧賤的也有變成富貴的機會。變的法則，也讓我們了解「逆向思考」的道理，現在的冷門往往是未來的熱門，而現在的熱門往往是未來的冷門。台灣的大學聯招第一志願從「物理」到「電機」到「國貿」，但大學聯招第一志願科系的畢業生往往找不到工作，因爲第一志願反映了流行的熱潮，等到畢業，流行已退潮，人生又等著重新做選擇。股市也最能反映這種法則，現在的冷門股，以後往往大漲特漲，現在大家都不敢進場，但空頭正埋下多頭的伏筆。想想看民國八十二年的股市加權指數跌到了三千七百點，當時勇於進場者幾希，想不到在民國八十六年股市加權指數又能突破萬點。如果當初有先見之明，豈不是在在短短幾年之間，獲利便翻了好幾翻！人世之間的現象往往如此。

## □放遠眼光逆向思考

因爲「變」是不變的道理，對有遠見的人，「逆向思考」往往是獲勝的關鍵。大不列顛昔爲「日不落國」，二次大戰後，「日不落國」沒落，美國和蘇聯崛起，成爲「超級強權」。當此之時，誰能預言蘇聯會在九〇年代瓦解呢？漢宣帝時輔政大將軍霍光，權傾一時，死後全族被誅；毛澤東死後，驕橫放肆的「四人幫」馬上跟著完蛋；再想想民國六十八年，「美麗島事件」爆發時，所謂「黨外」的那一小撮反對份子眞是人人喊打，短短十餘年間，這批美麗島份子，一個個成爲政壇新貴，吃牢飯的經驗，甚至成爲政治成份的保證；這種現象在歷史上或世界各國屢見不鮮，對中國國民黨如是，對中國共產黨也是如此。在世界各國中，南韓的金大中總統、南非的曼德拉總統，皆是昔日的「階下囚」，也是如今的「座上客」，可見無論在政治或經濟上，「逆向思考」皆是成功的關鍵。其實「逆向思考」就是了解無常，就是了解「變」是不變的道理。

## 生命的四個層次

在長期觀察生命現象的過程中，筆者發現，任何一件事情都有四個層次，都可以在這四個層次調整、切入，也就是「外」、「內」、「密」和「密密」四層。**所謂的外，又稱爲頭腦層次，一些外表上的現象和資訊，都屬於這個範圍。**例如要耕種才能有收穫，要努力才能獲致成功，多吃東西會胖，少吃一點則容易瘦，良藥可以治病，毒藥或者傷身，若是缺錢，則要去找錢，若是缺人，則要去找朋友，這些一般的邏輯和表面現象皆屬於「外」的層次。例如荀子曾說：「星墜木鳴，國人皆恐，曰：是何也？曰：無何也。是天地之變、陰陽之化，物之罕至者也，怪之可也，而畏之非也。夫日月之有蝕，風雨之不時，怪星之黨見，是無世而不嘗有之。上明而政平，則是雖並世起，無傷也；上闇而政險，則是雖無一至者，無益也。」這種說法完全強調人爲的努力，認爲「天變」根本不足畏懼，也與人事無關，眞正重要的是人爲的努力，主張此說的人在歷代中隨處可見。

**「內」的層次又稱爲能量層次，我們可以藉由能量的調整，使外在現象符合**

**我們的目的和要求**。中國傳統的山、醫、命、卜、相，皆是解析能量的體系，一般所謂的開運法，也是這個層次的語言。大家都知道努力和盡人事的重要性，但有些時候愈努力事情愈糟，這也是常見的。不努力，勝利不會從天上掉下來，但努力的人就是成功的人嗎？我們也可以看到很多人懷才不遇，努力卻沒有相對的收穫；有些頭腦層次的努力，到最後被證明是做白工和幫倒忙，爲什麼呢？能量訊息不對。在那個能量範圍內，所有的表面努力，皆與我們的欲求南轅北轍、背道而馳。這時，在飲食、顏色、光線、聲音、身體、氣脈、方向、擺設、居家環境、五行、風水上調整，只要打中要害，也都有撥命轉運的效果。

「密」**的層次又稱爲信念層次，乃是醞蓄能量背後的信念**。例如我們說「積善之家必有餘慶」，「好人有好報」，這說明了好的信念累積了好的能量，好的能量帶出了好的結果。又例如某男生喜歡女生，舉出了很多的理由，例如漂亮、大方、賢慧等等，但骨子裡眞正的原因可能是這個女人和他媽媽很像；又如某女人怕胖愛減肥，表面上的理由也許是愛美使然，而內在的信念，乃是曾有被拋棄的傷痛，恐懼失去美貌後再度發生被拋棄之事實。信念的層次，乃是說明我們內在的境界投射至外在生活成爲命運，所以說「萬法唯心造」、「你給生命的，就是生命給你的。」虐待自己者亦折磨他人，不允許他人豐富亦必使自己匱乏，或者痛苦之人必遭遇痛苦之事，不允許自我快樂之人必無快樂之人生，這些都是根深蒂固的信念問題。在西洋社會科學方面，例如佛洛伊德聲稱一切皆和「性」有關連，容格曾專門研究「夢」，這也都是從信念層次切入，來解析人類的生命現象。「密」的層次乃是天使的聲音、菩薩的語言，使你看清楚內在的傷痛，使你明白這齣自導自演之戲，是如何形成的，調整信念，讓你能夠療傷止痛，走向豐富圓滿的人生。

最後一個**「密密」的層次，乃是宇宙的奧秘、上帝之恩典，乃是宗教之境界，乃是人生中的不可說**。透過這個層次，一切的奇蹟得以發生，一切的難題得以解決，一切的操縱置之無用，一切的控制成爲笑談。這個「密密」層次讓你明白你是老天的孩子，一切的罪早經洗滌，一切的苦乃是夢幻，西方即是眼前，天國原在當下。但這個層次在歷史上只緣少數人領受，乃屬於神秘經驗，無法宣說亦無由傳播，所以人類的奇蹟雖存在，卻無法重複實驗，也不能控制條件、找出變數。有些人無意中觸動了開啟奇蹟的大門，卻莫名所以，也無法重來，成爲千古難解之謎題，因爲這個「密密」的層次，就像是「禪」一般，需要去「參」。在我們生命之中，某些特殊的時刻裡，我們會體驗到上蒼的旨意，老天在這個世界創造一個苦難，就在這個苦難背後安排一項奇蹟。現在的世界，大多數的人生活在疏離感與絕望之中，就如同都市的水泥隔絕了人類和大自然，我們也都離天地愈遠，天人之間的交感，或許我們只認爲是單純的巧合，因爲「相信奇蹟，比奇蹟發生更難」。唯有眞誠探索自己靈魂的生命，才能開始覺知自己的力量，以及光和愛，那似不可能的奇蹟，才會變成可能，才會經驗到眞正的豐富和輕易自在，那是一種洋溢在被愛的感覺裡，並看清自己更大的方向和目標。

世間的現象很複雜，亦未必說得清楚，有人說，「不努力，成功不會從天上掉下來」；有人說，「人有沖天之志，無運不能自通」；有人說，「日日是好日，心中常懷喜悅，吉也是吉、凶也是吉」；有人說，「天何言哉、四時行焉、百物生焉、天何言哉」。所謂理未易察、事未易明，這些貌似衝突之概念，乃是在不同層次上的表達，有人在頭腦層次講話，有人在能量層次發言，有人在信念層次立論，有人在恩典層次體悟。在每個時代中，我們都可以看到這四個不同層次的言論在互相打架，也誤導社會大眾的頭腦，使得這個苦難時代的苦難，又因爲思緒的混淆，而加深了苦難的深度。

## 天道的十二個課程

生命的成功，是全面性的成功，全面性的成長。這個全面性到底是什麼？傳統的占星學對生命成功的詮釋，有很恰當的說明。占星學本身有科學的部分，也有藝術的部分，它藉著類比（analogy）的法則，將宇宙星辰的運行，闡釋成人類能明白的訊息，可肆應於人類生命現象的各種不同之領域。占星學主要是以太陽系的七顆星曜爲占卜的依據，即日、月及水、金、火、木、土五星，另外以諸星在黃道面上的位置，即白羊、金牛、雙子、巨蟹、獅子、處女、天平、天蠍、人馬、魔羯、寶瓶、雙魚等十二星座，區分人格類型和週期現象，然後用以說明一個人的先天性格。

## □占星術反應天道

十九世紀初，西洋星占學，尤其是在美國，受到新興的通神學（Theosophy）和玫瑰十字會（Roseictucian）的復興所鼓勵，走上新方向，以結合科學、宗教、哲學爲宗旨，著重道德觀念。現代西洋星占學，著重於占算問占者的活力、效率、動機和特徵，作爲一種處世指南，企圖避開自由意志這個問題，同時採用天文學的計算方法，並增加新發現的天王星、海王星和冥王星。

地球繞行太陽的軌道面，我們叫做黃道，這是一個假想的大圓；而地球本身和南北極等距的這個大圓，叫做赤道；以想像力將赤道無限放大至天球，就形成天球赤道；天球黃道大圓和赤道大圓的關係，爲相割狀態，有兩個交點，一個交點叫春分點，另一個叫秋分點。春分點和秋分點爲一個圓（黃道大圓或赤道大圓）通過直徑的兩點，相距一百八十度。從春分點開始，在黃道上每隔30度作個記號，就形成了中國的十二中氣以及西洋的回歸黃道十二星座：也就是白羊座（春分）、金牛座（穀雨）、雙子座（小滿）、巨蟹座（夏至）、獅子座（大暑）、處女座（處暑）、天平座（秋分）、天蠍座（霜降）、人馬座（小雪）、魔羯座（冬至）、寶瓶座（大寒）、雙魚座（雨水）。

由此我們知道，兩個星座的交界，應以交節氣時間爲實際劃分點，舉例而言，一九九八年中原標準時間的春分是三月二十一日的三時五十五分，而穀雨是四月二十日的十四時五十七分，因此一九九八年從三月二十一日三時五十五分到四月二十日的十四時五十六分，才算白羊日座的誕生者，若是三月二十一日三時五十四分出生，還都算是雙魚日座，不可算是白羊日座。而每年交節氣時間都是不一樣的，這個資料可查閱坊間出售之萬年曆。

根據前述，我們可以知道，目前大家耳熟能詳的星座，代表著黃道上的十二個區域。黃道既然是地球繞行太陽的軌道，就代表著強調大自然中太陽的能量。當然，如果沒有了太陽，地球上生命活動的跡象均將消失，如果比喻爲人體，就是心臟，如果心臟停止了跳動，大概一個人也完蛋了。所以**星座理論，可以看出誕生時間和生命能量的關係，也就是承認大自然對人類有影響，人跟大自然的互動應遵循一定的規律，**而這種規律有天道上的道德意涵，這種觀念對應台灣目前的狀況，應該是健康的，所以必須大力提倡。

十二星座的理論，代表人類的十二個心靈成長課程。星座心靈成長課程是基於人類誕生的自然現象，而開展生命的自然光輝而來，是體會生命旅程的十二個核心概念——也就是從天道的觀點來看——生命（白羊）、資源（金牛）、溝通（雙子）、保護（巨蟹）、創造（獅子）、服務（處女）、合作（天平）、療癒（天蠍）、提昇（人馬）、成就（魔羯）、博愛（寶瓶）、解脫（雙魚）等十二個核心概念，以及其間的關連性。主要的內容是談到合於天道的生命態度和如何創造豐富的生命，並由這十二個概念的極端發展所延伸的對立模式，談到二十四種生命型態的模式。

## □十二星座分爲六組

十二個星座，其實只有六個能量點，一陰一陽的對稱性發展，形成了十二個星座。其實每一對星座中，都互相含有對宮的隱藏性特色，例如白羊天平本質一致而發展相反，但相反之中有相需相成，也有邏輯上的共通性，天平太強會變成白羊，白羊太強也會變成天平，用中國人的思維而言，就是物極必反。同樣的情況也發生在金牛天蠍這一對，雙子人馬、巨蟹魔羯、獅子寶瓶、處女雙魚等亦復如是。

十二個星座分爲六組，基本上可以是相同主題的不同表達，如下表：

| 星座 | 主題 | 修行法門 | 星座 |
|---|---|---|---|
| 白羊 | 認同 | 精進波羅蜜 | 天平 |
| 自我認同 | | | 被其他人認同 |
| 金牛 | 感官 | 持戒波羅蜜 | 天蠍 |
| 物質的表層 | | | 激情的深層 |
| 雙子 | 資訊 | 禪定波羅蜜 | 人馬 |
| 常識分類 | | | 宇宙洞見 |
| 巨蟹 | 保護 | 布施波羅蜜 | 魔羯 |
| 家庭之愛 | | | 社會制度 |

| | | | |
|---|---|---|---|
| 獅子 | 個人表現 | 創造 | 忍辱波羅蜜 |
| 處女 | 精煉與分別 | 服務 | 智慧波羅蜜 |
| 寶瓶 | 群體活動 | | |
| 雙魚 | 了解與共鳴 | | |

所以我們知道，每一個星座都隱含了本身的正負兩種變化和對宮的正負兩種變化，因此可能會有四種變化。舉例而言，白羊座的兩種變化，和天平座的兩種變化，都可能發生在白羊座的生命現象中，當然也可能發生在天平座的生命現象中。

## □十二星座的特質與課題

| 星座 | 宮位意涵 | 關鍵字眼 | 基本動能 | 生命格調 | 人生課題 | 天意 | 修行法門 |
|---|---|---|---|---|---|---|---|
| 白羊座 | 生命與自我 | 我是(I am) | 開創力 | 冒險和挑戰 | 發展生命，以正確行動來肯定自我，以特殊的表現和風格，來彰顯造物主的榮耀。 | 我是無量力 | 精進波羅蜜 |

| | | | | | | | |
|---|---|---|---|---|---|---|---|
| 金牛座 | 眞、善、美、愛以及財帛 | 我有 (I have) | 親和力 | 擁有與穩定 | 正確的價值觀，以及學習如何超越慾望，不被物慾羈絆，並了解眞正的財富，是內心創造眞、善、美、愛的能力。 | 我是無量富 | 持戒波羅蜜 |
| 雙子座 | 溝通與資訊 | 我思 (I think) | 交流性 | 多變與多樣 | 正確的溝通，學習從龐大資訊之中得到知識，運用好奇心和吸引力尋找生命中的貴人。 | 我是無量智 | 禪定波羅蜜 |
| 巨蟹座 | 家庭 | 我感覺 (I feel) | 滋養性 | 保護與養育 | 無條件的愛。學習從情緒起伏之中放下小我，眞正能體會有愛的世界一切沒問題。 | 我是無量愛 | 布施波羅蜜 |
| 獅子座 | 愛情與創造 | 我要 (I will) | 影響力 | 熱情與表演 | 培養偉大的心靈，發揮天賦創造力，放棄以隱藏自我來討好別人，以正確的意志和創造力來榮耀宇宙，並學習從權力競逐中體會正義。 | 我是無量喜 | 忍辱波羅蜜 |
| 處女座 | 工作 | 我分析 (I analyze) | 服務性 | 識別與精煉 | 正確的服務，並成爲社會的模範。透過組織與分析的過程，務實地處理事務。 | 我是無量恩 | 智慧波羅蜜 |
| 天平座 | 婚姻 | 我衡量 (I balance) | 合作性 | 美感與平衡。 | 正確的發揮愛，透過愛的能力，使自己被他人認同。 | 我是無量美 | 精進波羅蜜 |
| 天蠍座 | 死亡 | 我渴望 (I desire) | 透視力 | 蛻變 | 正確的使用能量。透過負面情緒整合能量，在舊我的死亡當中，更新自己。 | 我是無量悲 | 持戒波羅蜜 |
| 人馬座 | 旅行與進修 | 我看 (I see) | 直覺力 | 自我教育 | 正確的應用眞理。追求對生命有更深的了解。 | 我是無量慧 | 禪定波羅蜜 |

| | | | | | | | |
|---|---|---|---|---|---|---|---|
| 魔羯座 | 官祿 | 我用 (I use) | 支配力 | 現實力量與成就意識 | 正確的承擔責任。如何在成就意識中發現「責任」及「承擔」的眞理。 | 我是無量大 | 布施波羅蜜 |
| 寶瓶座 | 社會與正義 | 我知道 (I know) | 博愛和利他 | 追尋最終之正義 | 正確的步入新階段。如何發揮博愛精神，在革新當中，發現最終之正義。 | 我是無量光 | 忍辱波羅蜜 |
| 雙魚座 | 因果與報應 | 我相信 (I believe) | 同情心和包容力 | 悲天憫人與自我超越 | 和老天連線，獲得正確的靈感，了解人世萬物在宇宙中都有它的地位和目的。 | 我是無量慈 | 智慧波羅蜜 |

2

# 從生的軌跡了解生命藍圖

## 前言：有意識地創造自己的生命

生命，可以是渾渾沌沌，接受所謂命運的安排，也可以有意識的創造生命。如何有意識的創造生命呢？生命中的一切都是由信念所創造，而我們的頭腦並不必然知道這個創造的過程。理論上我們的靈魂與神同在，潛力無限，但現實生活中我們創造的人格和角色有問題。「存在」是圓滿的，但我們現實的人生常常發生問題，爲什麼呢？我們如何能了解我們的一切都是自己創造出來的，這裡頭包括人生中好的和壞的、圓滿的和不圓滿的。能夠了解這個創造信念過程的人，才能有意識的創造自己的生命。

圓滿是指活在愛裡頭，能愛自己也能愛別人，有很好的家庭動力及親密關係，跟老天很有聯繫，有健康的身體享受生命，以及工作輕易自在。知命之道，首先是要去連接我們的頭腦和靈魂。頭腦常常是個騙子，它創造出人格，也就是我們平常認知、學習、處理日常事務的腦力，約占整個頭腦功能的百分之四，而靈魂是屬於高層心靈的，代表整個腦袋的智慧完全發揮，也就是整個存在的智慧。連接頭腦和靈魂的關鍵，就在於認清我們的頭腦在玩什麼把戲。

## □認清腦袋玩的把戲

所謂認清腦袋玩的把戲，就是認清它是如何的欺騙我們。爲什麼我們的人生不圓滿呢？爲什麼我們想要財富而財富不來，想要愛情而愛情不來，想要一切圓滿而圓滿不來，但是生命的眞諦卻又告訴我們，我們是和神在一起的，我們的一切是自己所創造的？難道我們故意去創造自己的不圓滿嗎？這其中的關鍵，就在於我們被腦袋所玩的把戲欺騙：我們創造了一個可以保護自己、獲得需要的人格，而這個人格的背後有很多複雜的信念，讓我們很多事看不明白。我們內在有傷痛，而這個人格叫我們避開這個傷痛，避開這個也參與創造我們人生的傷痛，則這個傷痛永遠沒解決，沒有得到療癒。因爲我們不明白、也認不清，一直讓這個傷痛參與人生的創造，造成了人生的不圓滿，因爲傷痛只會吸引傷痛，而療癒才能吸引圓滿。

命運之神支配人的方式是很微妙的，命運使我們變得很虛弱，使我們變得很有罪惡感，使我們變得很沒價值，摧毀了我們的尊嚴，帶走了我們的榮耀，並且羞辱我們。如果命運之神自己本身根本就不曝光，它們會安排讓我們自己羞辱自己，我們就中了命運的詭計了。研究命運的道理是一種快速成長的方式，改變對人性的洞察力，因爲我們不瞭解人性也不瞭解自己，研究命理幫助我們化解了不能接納這個世界的部分，使我們對這個世界多一份關懷和瞭解。

有意識的創造自己的生命，首先要了解生命的能量是透過信念而投射到生活中，我們是根據自己的信念來創造自己的經驗。但信念形成的背景有著複雜的故事，這個過程主要包括「**胎教**」、「**三歲前的教育**」、「**成長時期的家庭動力**」、「**親**

**密關係**」和「**親子關係**」。這幾個階段，都是影響我們腦部發展極深的因素，也引起腦部化學物質激烈的變動。命理究竟在探討什麼呢？無論東西方的命理學，其實都是在探討人生的這些階段。例如中國的陰陽五行，金水木火土五行之間的關係可分爲五種，也就是「生我」「我生」「剋我」「我剋」「同我」。那麼什麼是「生我」呢？「生我」者父母，就是在探討我們和父母親的關係，以及對人生的影響力；所謂「我生」者子孫，就是在探討我們和兒女間的關係；所謂「我剋」者妻財，就是在探討「夫妻以及親密關係」；所謂「剋我」者爲官鬼，就是在探討生涯計畫；所謂「同我」者爲兄弟，也就是探討兄弟姊妹的相處狀況，和朋友間的關係。

又如占星術的月亮星座，探討的是胎教以及從母親而來的陰性能量，太陽星座則探討從父親而來的陽性能量，日月之間的角度則爲父母親相處的狀況，整個人誕生天宮圖中，最重要的「四角」（一、四、七、十宮位），分別探討的是「自我人格」、「家庭動力」、「親密關係」和「生涯規畫」。可見無論東方或西方的命理學，都看到了人類信念形成的幾個重要階段。

## □人具有神的力量

就創造的層面而言，人具有神的力量，我們就是神。我們有無限的創造力，我們和神一樣偉大。你認爲你自己是怎麼樣，你就是那樣，因爲那就是神創造出來的，而這個神就是你。我們看出去的世界，就是我們自己創造的，但我們爲什麼也同時受命運的擺佈呢？其實關鍵就在於，透過我們自覺或不自覺間培養的「信念」，命運在此呈現，世俗的經驗是「看見才相信」，而相對的，命運的道理卻是「相信即看見」，這些自覺或不自覺的信念培養，最重要的，即是透過「胎教」、「三歲前的教育」、「成長時期的家庭動力」、「親密關係」和「親子關係」，筆者認爲這即是「生命的藍圖」。

人在前世臨終時，最後一念與母親相應，即入了下一世的母胎：最後一念痛苦的，就會遇到痛苦的母親的子宮，最後一念快樂的，就會遇到快樂的母親的子宮。胎教對人格的養成，起著非常關鍵的作用。如果人的命運是一張白紙，則「胎教」就好像在這張白紙上打了底色，使得以後著上其他色彩，便會發生特別調和、顯著或特別不搭調、不顯著的結果；三歲前，我們腦部百分之七十的神經電路網絡，以及數百億神經元的發展、連接慢慢完成，天賦才能的基礎和人生的基本態度就在此時決定，好比在打了底色之後又畫上了大綱，這個大綱舉例而言，某些人可能是船艦、某些人可能是飛機、某些人可能是山水、某些人可能是花鳥，以後的工作，就是要照著這個大綱，真正的完成這幅畫。「成長時期的家庭動力」，牽涉到我們是否願意讓大綱完成，並願意送出天賦的禮物，還是被某些情緒卡住，而不斷懲罰自己。「親密關係」的成功，彌補了我們人格的缺憾，讓我們得到愛的感覺；親密關係的失敗，則加深了我們的傷痛，使我們的人生更加尋尋覓覓。「親子關係」好像是人生的大補丸，一方面催促我們凝聚勇氣向前行，一方面又給我們機會解決成長過程中忽略而遺忘的心結，這次是由親子共同面對，畢其功於一役。

## □創造力的完全自由

人生的所有事件，其發生的因果關係，都可以在這五個階段中找到原委，我們先天的神性變成後天的信念之後，就不斷的凝聚能量，來支持那個我們相信會發生的事，而信念又是在這樣一個複雜而漫長的過程中成形。中國的丹鼎派對這點的認識可說是很清楚：「修眞者」透過胎息回到母胎，甚至將「胎教」的指令皆予清除，透過凝聚人體內陰陽的能量，以自己的力量重新誕生一次。眞正以體內純淨的陰陽交媾，代替後天的父精母血，這就是「陽神」的出現。所以丹鼎派修練中，大羅金仙的果位，代表創造力的完全自由，其基礎都在走好「陽神」這條路，也就是透過凝聚人體內陰陽的能量，以自己的力量重新的誕生一次。

所以，有意識的創造自己的生命，就是要了解祖父母輩的故事、父親的故事、母親的故事，了解父母親爲何會結合、我們爲何會誕生、我們誕生初期的家庭狀況爲何？這就是我們這個生命的本。窮本溯源的方法是去追究、去回憶、進入催眠、甚至以修行的方式進入胎息，了解我們生命中每一重大事件對自己人生的眞正影響，徹底的爲自己作一個心理分析、心靈分析、甚至是整個生命的分析。透過這樣系統性的思索，我們會對自己的命運產生更大的領悟。

## 胎教

占星術認爲，一個人的稟性和氣力，都和受孕時有關，受孕後的每一個月，都有一天上的星曜主管。第一個月是土星管照，第二個月是木星管照，第三個月是火星管照，第四個月是太陽管照，第五個月是金星管照，第六個月是水星管照，第七個月是月亮管照，第八個月又是土星管照，第九個月又是木星管照，可見占星術承認懷胎的過程和日後的命運有密切的關連。中國傳統醫學也認爲妊娠一月主「肝」、二月主「膽」、三月主「心」、四月主「三焦」、五月主「脾」、六月主「胃」、七月主「肺」、八月主「大腸」、九月主「腎」。而且孕婦不宜吃冰、飲酒、吃兔肉、狗肉、鱉肉、羊肝、山羊肉、驢肉、馬肉、騾肉等等，吃了之後都會對胎兒有不良影響。

### □月亮星座與胎教

占星術中對月亮星座的探討，可以看出一個人胎教的好壞，以及和母親互動的模式。聖經上說，上帝創造人，其實母親懷孕的時候，正是扮演上帝的形象。一個單細胞生物要進化爲人，在生物學的推論上是需要花幾十億年的功夫，而竟在懷胎十月中完成，這是多麼大的智慧和生命力。所以母親懷胎時的一切腦部活動，都會影響胎兒的生命現象，等到胎兒出生之後，母親和胎兒的互動方式也不必經過刻意的學習和語言的溝通，因在擁抱小嬰兒的過程中，母親的心情自然被子女所吸收，其互動品質，完全可以從月亮星座的位置，和月亮與其他星曜的角度看出。

當一個人全身放鬆時，第一個從大腦中產生的感覺，就是受胎期間母親的覺受，而這樣的一個感覺，以後就不斷的參與我們對生命實相的創造力。如果胎教很糟的話，這個小孩子感覺就很不好，以後容易多病多災；成長期間由於難以面對這些眞實的感覺，慢慢會發展一些複雜的情緒以掩飾內在的覺受；長大之後的情緒變化也不穩定而難以控制，可謂在生命的起跑點上就輸了別人一些。

胎兒在母體內孕育成形時，便成爲家庭的一份子。由於胎兒在子宮內即已開始學習與感覺，並逐漸形成對自己的態度和期望，因此父親和母親對胎兒的態度，將會影響孩子的人格和情緒發展。中國在很早就有提倡胎教的說法，現代科學也認定母親的情緒會使胎兒在日後出現不同的性格和行爲。醫學臨床證明：良好的胎教會讓胎兒更富創造力，胎兒的記憶力也會增加。胎教是從受孕的剎那就開始，懷孕期間，母親的一舉一動、一顰一笑，都會影響胎兒的內在成長。有好的胎教，胎兒出生後才會有好的記憶力、好的創造力以及成熟的人格。父母親的快樂、興奮和期待，有助於胎兒情緒的健康發展，負面態度如焦慮、憤怒，也會在胎兒的人格上留下烙痕。

## □什麼樣的胎教誕生什麼樣的小孩

有很多父母親爲了小孩的事情來找筆者，想要從命理的研究中找出可以幫助自己子女的思考方式。其實絕大部分親子溝通或家庭教育出問題的原因，都和胎教有關。婦女整個懷胎過程在身心兩方面沒有得到妥善的照料，造成以後小孩的性格古怪、不易溝通、體弱多病、學習或適應能力落後。不過由於現代都市生活品質差、工作壓力大、缺乏休閒、垃圾食物充斥、人際關係緊張，通常夫妻都要工作，如果又是外來人口，缺乏父母親人照料，胎教基礎薄弱的現象是屢見不鮮的。當母親是勉強或被迫懷孕生子時，因母親無意與小孩同心，很可能會產下自閉症兒童或情緒障礙的小孩；而母親雖有懷孕的主觀意願，但因酗酒、抽煙、心情緊張，而無法提供胎兒安全舒適的成長環境，這樣的母親生下的胎兒，也會衍生一些適應上的問題，例如同性戀的傾向較高。有些小孩愈大愈顯示出異常的行爲，如常無故跌倒、情緒激烈、稍不如意便無法使身體保持平衡，往往是母親懷孕時酒精中毒所致，可見懷胎時期對生命的影響。

## □胎教的十二種類型

有什麼樣的胎教，就會誕生什麼樣的小孩。筆者曾經碰到一位母親拿給我她獨子的八字，這個小孩誕生前半年，父母親就離婚了。可想而知，母親在懷此小孩的大部分時間中，遭遇的是人生最重大的打擊——「初次婚姻的失敗」，夫妻之間的激烈爭吵無日無之。結果這個小孩出生之後，身體馬上面臨著嚴重的問題，因爲先天性疾病，腦部需要開刀動手術。通常母親懷孕時，父母親常有激烈的爭吵，夫妻感情不協調，如果不是夫妻相處有問題，就是母親的人際關係有問題，例如在家族中與公婆不合，或是妯娌相處不睦，也可能是上班地點的人際關係有大挫折，這都會使得胎兒欠缺和諧感，感覺需要平衡、需要愛，需要美的事物來填補這份感覺。也就是說，這個小朋友的內在非常需要愛情、友情或是藝術音樂的環境，才會覺得舒服一點，若是沒有一個穩固的伴侶關係，就會猶豫不決而失魂落魄。

另一種胎教類型是這樣的：在懷胎的過程中，母親深深感覺到要自立自強，獨立照顧自己，而且這個媽媽原來的個性，就有強烈的堅定毅力。在胎教期間的夫妻相處上，還在適應期，所以凡事自己做，不太依賴先生或其他的人際關係。有些媽媽是表現在工作場合的獨立自主，或人際關係的獨立疏離。這種胎教狀況，使得小朋友誕生後，內心要求自我肯定和追尋自我表現的心情，非常強烈，很喜歡出風頭。和父親的相處可能有些障礙，通常是瞧不起自己的父親，並因爲強調獨立自主、爭取表現，兄弟姊妹間的感情也會較淡。

第三種胎教類型是在懷胎十月期間，母親給小孩的胎教是「錢錢錢」。或許是因爲家庭經濟突然陷入危機，或者是長期貧困，有時是母親想獲得某種具經濟價值的物品——如一顆鑽戒或一件名牌大衣——而父親並不支持；有時是懷孕期間，感覺口腹之慾未被滿足。因爲母親在感官上的滿足程度覺得遺憾，使得小朋友誕生以後的內在傾向，也希望能發大財，或較重視滿足感官的感覺。這種物質匱乏的胎教，會影響小朋友往後的人生目標和內心要求，集中在創造財富、要求享樂這方面。

第四種胎教類型是母親懷胎時有機會學習新的事物。例如在工作場合被分派到新的任務，引起好奇心；例如住家附近搬來了新鄰居而得到新的見聞。有時是母親在懷胎時有旅行的經驗，而母親對這種旅行非常感興趣，使得小孩子誕生後時時顯露驚人的學習能力，成爲資優兒童。這種小孩的好奇心非常強烈，內心有很多聲音出現同時引導，若他們的好奇心不能夠得到滿足，則可能會發展出一種對其他人的不信任態度。

第五種胎教類型是母親在懷胎時，對這個家庭的信心產生動搖。例如原本美滿的夫妻感情開始惡化，母親心中非常害怕；或者父親生病，母親也感覺這個家的前途茫茫；有時是父親的事業發生危機或轉型，有時是居所發生變動；總之，這些變動現象使得母親很敏感，覺得有些不安全，使得小孩子在誕生後，內在特別敏銳，心情起伏大，而特別需要彌補安全感。彌補安全感的方式，可能是追求情感上的滿足，或者是經濟上的安定，例如冰箱裡要有食物、銀行裡要有存款，以及有自己的房子等等。由於擅長緬懷往事，特別喜歡回憶。很可能會較爲依戀母親，即使有遷徙的必要，也不願意離家太遠。

第六種胎教類型是母親在懷孕時，感覺夫妻往日戀愛的熱情慢慢褪去；或者父親事業忙碌，母親覺得不太受到重視，沒有得到很多應有的關懷。這是一個被冷落或自尊心受到傷害的現象，使得小孩誕生後自尊心很強、自卑感較重，自我表達的欲望很高，自信心能否培養出來，幾乎成了教育成敗的關鍵。這種小孩成人後對自己的子女期望也很高，非常愛小孩，希望他們處處比人強，不能被人看不起。如果他自己的事業不是很得意，更容易傾向將一切希望放在子女身上。

第七種胎教類型是母親懷孕時處於工作勞累狀況。由於種種原因，懷孕時不能停止工作，而且工作態度還是很積極的，工作內容也很繁重，使得生產後小孩子的內在習慣緊張、挑剔、細緻而要求完美，著重小節而責任感強烈。這種小孩的自尊心較強，也較缺乏自信；由於對父母親評價方式的害怕，也使得小孩變得緊張兮兮和難以取悅，大概從小就會知道要努力爭取獎狀、金牌和名列前茅來討好父母，如果表現不如理想，也會特別羨慕那些所謂的「好學生」、「好孩子」。這種胎教的小朋友，一生中容易拿分數、獎狀、考試及格以及名次等等「名器」來評價自己。

第八種胎教類型是母親懷孕時有著強烈的情緒反應，通常都是較負面的。例如母親對自己的婚姻產生憎惡感，覺得受到父親的欺騙，有一種無法回頭的苦楚；或者對懷孕一事有很大的恐懼和幻想，擔心自己會生出畸形或智障的嬰兒；有時是母親面對即將來臨的新生命，感到不能適應或錯愕，有想要墮胎的念頭。這些都會使生下的小孩內在傾向敏感、多疑、罪惡感濃厚，成長時引起較多的災病。這種小孩和母親的關係較差，可能是長期的意見衝突、談話不投機，原因是從受孕時，母親和小孩之間就發生了嚴重的權力鬥爭。這種小孩的童年可能較艱困，常常受到貧窮或疾病的打擊，也可能會創造出進入一個家庭，而這個家庭在其童年之時，父母之一有不幸之事件的因緣，總之就是要看遍生老病死之苦，感觸甚深，從而啓發大無畏的智慧。

第九種胎教類型，是母親可能是個體力較佳、較好動的女性，在懷孕過程中感覺受到羈絆，很多事情不能去做，例如不能出遠門、旅行不方便、體力活動及運動都不方便。由於懷孕過程母親感受到了很多限制，所以胎兒在胎內的補償心理，會使得小朋友誕生後，生命的發展常常和行萬里路或讀萬卷書有關。體能運動及旅行的機會，在小孩的成長過程中非常重要，體能的訓練可以增進智慧，而旅行的經驗則可使心胸開闊。但是如果沒讓體力發洩個夠或玩個夠，也會使得能量卡在身體這關，以後變成體力勞動的工作者。這種小孩在嬰兒時期常被抱來抱去，或者會有輛娃娃車，或許小時候最感興趣的就是車子。只要有充分的旅行和運動，就會愛讀書愛思考，所以在學校的成績都還算不錯，而且年紀愈大，成績愈好。

第十種胎教類型是母親在懷孕期間，因爲覺得生存環境困難、工作辛苦，所以在心中起了憂慮，覺得懷孕要迎接一個新生命的誕生，等於增加了人生的責任，而這種責任，真的快成了生命中不可承受的「重」，所以在心中暗自希望小孩出生後能快快長大，好好的照顧自己，不要給母親添麻煩。這樣的胎教就會使得嬰兒誕生後責任感強，事業心重，胸懷大志，但也比較憂鬱，比較自苦，比較沈悶自閉，希望自己快快長大，趕快負起自己的責任。以後容易服從權威，而且對師長們必恭必敬。這也會使得小朋友先天較爲悲觀。在小學階段，可能是個聽話乖巧的小孩，不但不會給老師添麻煩，而且還常將「老師說」等等掛在嘴上。比較值得注意的是，這種胎教的小孩很能吸收母親的焦慮、憂愁，看來較爲早熟。

第十一種胎教類型是母親是一個三姑六婆型的人，有很多手帕交，自己又是一個大姐頭，沒事就串門子，東家長、西家短，或者在鄉里之間排難解紛。在現代社會，就是一個喜歡辦活動或參與社交、社會活動的孕婦，帶著胎兒跑來跑去，接觸各種不同的社團，所以嬰兒誕生後，在成長過程中，理想很高，有遠見，心胸開闊，爲人四海而重公益，關心社會。而且智慧高，數理邏輯能力強，機械操作能力也很強，語言表達能力和領導能力都很好。

第十二種胎教類型是母親在懷胎時，可能面對兩種情況：其一是生活很艱困，面對很大的困難，根本無法正視自己的感覺，因此懷著逃避的心情，每天昏昏沉沉，過一天算一天，根本不敢想環境怎麼改善，日子要怎麼過下去。其二是前幾胎頗爲辛苦，而懷這胎的時候，家裡經濟狀況有所改善，因此頗能放鬆自己，每天也是福福泰泰，不太想動腦筋多理事情。總之就是處在一種不動腦筋，憑著直覺過活的狀況。這種胎教所生下的小孩，內心敏感脆弱，對人生的苦難又是悲天憫人又是無可奈何，可能會很懶或者很會發呆、幻想、空想，神經敏銳，容易失眠或受到驚嚇；但直覺力和圖像處理能力較佳，自小聽話，很好養也很好帶，可能較愛哭，凡事嚇嚇他就可達到嚇阻的功效。

基本上，母親的種種狀況都會傳遞給胎兒，母親快樂無憂，則胎兒喜悅健康，所以懷胎的時候，要注意夫妻感情的維護，尤其父親要負起責任來安撫母親的情緒。平常要多聽古典音樂、具有巴洛克樂風之音樂，適度運動，時時注意放鬆自己，夫妻互相按摩，也要記得和胎兒談話。例如夫妻一同以手掌放在媽媽肚皮上對胎兒講悄悄話，對他說：「我愛你。」鼓勵他或讚美他，或是慢慢閒話家常，用感性的語調一句一句慢慢說等等。基本上，胎教的好壞不是與生俱來，而是父母親雙方苦心經營的結果，尤其現在都市生活壓力大增，夫妻可能都在上班工作，母親的身心狀況受到外在干擾的可能性更多，所以更需要夫婦雙方通力合作，胎教絕對不只是母親一個人的事情。

## □走火入魔的擇吉剖腹生產

另外，台灣的剖腹生產率高居世界第一，原因是命理的研究長期受到宗教界（主要是佛敎、基督敎）和「邏輯實證科學萬能派」知識份子的聯合打壓，實在是已經等而下之走火入魔。命理研究的最高境界應是「順應自然」，而非「控制自然」。走火入魔的命理研究者就是以「控制自然」爲宣傳，面對大自然之規律全無了解、順應、敬畏與尊重的心理，以爲挑個「黃道吉日」就對新生兒的生命有扭轉乾坤之能。甚至命理界還有很多無恥不學之徒，刊登廣告，大肆宣揚擇日剖腹生產，可以生出富貴長壽的小孩，這種風氣實在下流又低級。台灣一般人民心地善良、容易誤信人言，而且思考反省能力薄弱，因此也就容易入其彀中。

以我多年研究命理的經驗，生命的榮枯確有其週期規律，而且一個生命誕生的時辰，確實和日後的性格和遭遇有相關性。如果我們相信有「命運」，或者相信某些人生之中奇妙而註定的現象的話，想必很多人都會想要改變那個關係重大而影響一生的「落地時辰」。所謂找個好人家投胎，不如找個好時辰投胎，又所謂命好不怕運來磨，如果從這個思考模式出發，天下父母莫不想控制自己子女的生辰，蘇東坡詩曰：「但願生兒愚且魯，無災無難到公卿」，正說明了父母愛護子女的心情。

## □人有千算，天有一算

其實筆者向來反對剖腹生產改造命運的說法，尤其對於適合自然生產的產婦，絕對不會建議任何良辰吉時以便剖腹生產，這倒不是研究命理的人毫無慈悲心腸，或者天機不可外洩，只是筆者強烈的認為，如果我們承認命理現象，就不得不將這種現象，歸因到一種更大範圍的因果關係之中，所謂：「欲問前世因，今生受者是。欲知來世果，今生作者是。」

嬰兒從母親的產道落地，是天底下最自然不過的事了。嬰兒自然生產的時辰有其複雜的因果關係，可以說是「業力感召」，或是嬰兒自己選擇的結果。有好的胎教，冥冥中大自然的規律，自然會安排這個小孩在一個最適合他自己能量狀況的時間誕生。以人為的力量特意去更動出生的方式與時辰，其實是與大自然相對抗，是一種破壞自然界平衡的行為，擾亂了宇宙間的因果關係。常言：「人有千算，天有一算。」以人謀對抗天機，是極為不智的行為。在國外很多醫院中，需要剖腹生產的產婦，甚至要到胎痛開始、即將臨盆的那一刻，醫師才在產婦的肚皮上劃下一刀，可見其他民族對大自然律動的尊重。

「福地福人居，福命福人得。」世上儘多安排好的事物，其發展往往出乎意料。許多嬰兒不依選定的時辰提早或延後降臨人間，豈不是最好寫照。更何況一個人命運的榮枯興衰，還得後天之努力及掌握。所謂一命、二運、三風水、四積陰功、五讀書。「積善之家必有餘慶，積惡之家必有餘殃」，這是人世間最公平的法則。筆者學習命理十餘年，深深體會人算不如天算。在人類的智慧尚不足以完全了解大自然的法則前，胡亂以私智主張「剖腹生產」，即易經所謂「不知常，妄作凶」！自然生產具有複雜的機制和作用，對於母體可以刺激某種腦啡的分泌，有助人格的健全，對於胎兒，也增加了日後面對人類生存競爭的抗力。

適用剖腹生產的情況，除非是醫師認爲不適於自然生產的產婦。國內的狀況，確實也無法像國外一樣，等到產痛開始再劃下那一刀，所以去找個專業命理師選擇，筆者倒是贊成。但對於可以自然分娩的產婦，還是要苦口婆心的奉勸一句：胎教最難，應勉而行之，有好的胎教，自然會生出好命的子女。

三歲前的教育

人腦是我們思想的地方，但一直以來人類對腦的認識都很貧乏，直到進入二十世紀，我們對腦的認識才有比較進步的發展。大腦分爲左腦和右腦兩部分。左腦受到損害時，身體右半部會成癱瘓；右腦受到損害時，身體左半部會成癱瘓。左腦職司邏輯、文字、數字、分析、次序、數列等活動；而右腦則職司顏色、音樂、想像、做白日夢、韻律等功能。

「左腦思考」和「右腦思考」都會造成習慣模式，在制約作用日益強烈的現代社會，擅於左腦思考的人，可能右腦思考會較弱，而擅於右腦思考的人，也可能左腦思考較弱。

腦的大小和智慧相關，這是比較傳統的看法。有研究指出，智慧的高低和腦細胞的數目及腦的大小並無正面相關，亦即頭大未必聰明，頭小也不一定愚笨。決定智力的，乃是腦細胞之間的相互聯繫，藉助生化電作用，組成一個電路。整個大腦，就是一個極度複雜的神經電路網絡。假使我們可以充分發揮大腦的潛能，即是將一百多億個腦細胞之間的相互聯繫全部打通，整個大腦網絡的通道是一個極為龐大的數字，所以很多研究腦的學者，都認識到人類目前只運用了龐大腦力的很小一部分，有關人類大腦的龐大潛能，還有待開發。這也是未來人類最龐大的可運用資源。

人腦是由神經細胞和膠質細胞構成，每一神經細胞可以和數千個神經細胞溝通。若以道路做比喻，細胞間的每一新路線都是新的學習經驗，也可以說，為了要有新的學習，便須設計新的路線。對腦來說，新的路線便是新的細胞聯結方式。嬰幼兒需要小睡或常常在睡，就是因為腦部發展期，需要補充龐大的精力或能量，而蓄存此一能量並加以高效率的應用，則必須在睡眠時才能發揮到最好的狀態。

## □正面思考

一般人可能認爲新生兒什麼都不懂，其實不然。嬰兒不僅能思考、記憶力強、懂得溝通、有個性，除了會欣賞語句的音調外，還有能力學習計算。對這個現象開始認識的人士愈來愈多了，所以教育上，也都愈來愈強調三歲前的教育了。三歲前因爲腦部細胞的發育極快，而且有大部分的神經電路網絡正在形成，所以對一個人的命運影響極大。三歲前的教育可以讓一個幼兒聰明而有智慧，還有更重要的是，胎教和三歲前的教育，兩者綜合起來，是造成一個人以「正面思考」作爲其一生基本思考模式的關鍵。

現在大家都明白「正面思考」在人生中的重要性，前面第一章已經說過，「萬法唯心造」，你給生命的，就是生命給你的。但爲什麼有的人天生就能夠正面思考，有的人天生就是負面思考的呢？我們常常看到，很多人雖然發生了不幸事件，但他們的人生並沒有被擊敗，反而更茁壯、更成功，爲什麼這些人能夠天生樂觀呢？還有很多人也明白「正面思考」的重要性，但他們就是憂鬱悲觀，怎麼也正面不起來，而且還大聲呼喊：「我也知道要正面思考，但就是沒辦法。」這些人好手好腳，心理上也都明白「即使苦難也可以讓人生更茁壯」的道理，但實在沒辦法「正面思考」，甚至得了憂鬱症，這又是爲什麼呢？

關鍵就在於「胎教」和「三歲前的教育」，塑造了人類基本的情緒表達和思考模式。「正面思考」的習慣，其實是一種微妙的感覺，這種感覺一生長存，關鍵就在於三歲之前。所以三歲前的教育，不僅牽涉到哪種天賦才能可供發揮的問題，還牽涉到對這個世界所抱的基本假定是樂觀還是悲觀，是「正面思考」還是「負面思考」。

### □感覺被愛

胎兒時期，頭部佔身體全長的二分之一，出生時則佔四分之一，成人時降到八分之一的比例；腦部的發展，在出生時佔百分之二十五，一歲時爲百分之六十，三歲時即達百分之八十，故有所謂「三歲定八十」之說，這段期間最重要的課題，就是感覺被愛與學習愛人。

人腦的發展始於腦幹，而腦幹的發展工作從胎兒時期便開始。母親受孕後的第三週開始，胎兒的腦細胞便開始成長，其複製分裂的速度，比身體其他任何一部分的細胞都快，而腦神經細胞爆發性的成長，更發生於懷胎三至六個月的第二期，且持續到出生後六個月左右。

胎兒的神經細胞從第四週開始，便有不同功能的發展，最先發展的是腦幹的部分，負責最基本的生命功能、反射動作和平衡機轉，其次發展的是負責荷爾蒙的控制、情緒和某部分記憶的腦神經細胞。最後發展的是負責包括推理、計畫、表達語言、思考等能力，是最具可塑性的一部分。而這部分的發展，使人類成爲萬物之靈。

新生兒的腦平均重量爲三百三十公克，是爲成人的四分之一，一年後，重量增加二倍，兩年後又增加三倍，到孩子七歲時，腦重一千二百五十公克，約是成人腦重量的百分之九十。可見在生命的前兩年，腦的成長最爲快速。幼兒腦部有數百億神經元在活動，潛能無限。但如果缺乏感情交流及環境刺激，這些有待發展的神經元便無從發揮。新生兒好比一塊感覺能力超強的海綿，可以將周圍發生的事都記錄下來，但並非照單全收，而是選擇對他生存有利者。我們的腦確實是可塑的，可以經由適當刺激來改變其構造，如腦細胞間的連結方式，或傳導訊息的通路等。

## □腦的命令就是造物主的命令

由於人類腦部結構的神秘與高明，腦的命令，可以視爲就是造物主的命令，以實現自我爲目標，就是造物主的旨意。但在嬰兒三歲前，腦部發展如此重要的關鍵期中，現代人因爲發展出「乳母替代」與「母乳替代」，往往忽略了三歲前的教育。現代婦女都被洗腦了，認爲自己不該被孩子弄得團團轉，這種事交給別人代勞就好，自己大可去上班，結果現代小孩生病率之高，史無前例。

由於某些保母知識水準低落，而某些長輩過度保護或限制，因此給長輩或保母帶的孩子常有語言、動作發展落後的現象，等孩子稍大，進入群體中學習，就會有明顯的落差。這時，如果孩子本身的能力沒問題，及時給予刺激，就能迎頭趕上，若眞是發展異常，可能已錯失及早發現的療癒效果。大家都知道，母乳對嬰兒發育有很大的好處，尤其初乳對嬰兒的免疫系統有增強效果。但根據統計，目前在台灣，持續一個月的純哺餵母乳率不到百分之五十，哺餵母乳超過六個月的不到百分之五。

## □自卑，罪惡，恐懼

其實乳母和母乳只是一個最基礎而被忽略的問題，三歲前不僅是未來認知學習的基礎，更重要的是，此時的情緒、人格、心理狀況，也將是未來的發展基礎。但是這並不表示父母應急於以提昇智能的方式，對嬰幼兒進行智育的塡鴨教育。三歲前教育的重點應是「感覺被愛」，這個重點的衍伸作用就是「正面思考」。這個特質自然會在日後的人生中表達出來，不需特別學習或要求。

大部分人所面臨的「負面思考」問題，基本上都是由「自卑感」（我沒人愛）、「罪惡感」（我不夠好）、「恐懼感」（我很害怕）而來。這些基本問題都是由三歲前所培養的「不信任」或「不被愛」感覺導引出來，從而在往後的人生以一大串負面行為來表現，例如：失敗、疏離、攻擊、妥協、需要、排斥、抗拒、抱怨、反對、指控、批判、報復、孤立、執著、心碎、控制、傷害、受傷、指責、內疚、怨恨、自責、憎恨、定罪、受害者、抗爭、退縮、強求、憤怒、痛苦、害怕、誤會、蹉跎、犧牲、無聊、誘惑、沉悶、支配、拒絕、抱怨、依賴、報復、囚禁、懷疑、阻礙、陷阱、損失、隔閡、障礙、缺乏、死亡、懲罰、錯誤、我執、痛苦、虐待、殺害、競爭、匱乏、擔憂、恐懼、逃避、關閉、虛假、對抗、輪迴、黑暗、心魔、業障、強暴、角色、垃圾、骯髒、醜陋、虛偽、欺騙、敵意、嘲諷、羞辱、嫉妒、消極、死氣沉沉、勾心鬥角、畏首畏尾、好勇鬥狠、自怨自艾、不被了解、歇斯底里、神經衰弱、權力鬥爭、怨天尤人、失憶症。

## □口腔期培養信任感

在子宮內的胎兒，其生命一切的需要都由母體供給，但在出生後，都必須藉著哭泣來向父母反應寒暖飢渴等不舒適的感受。這種需求是否能得到滿足，關係著嬰兒未來對這個世界基本上的信任感。尤其出生後一年左右，口腔成為滿足本我慾望的主要部位。由於嬰兒必須吸奶維生，口腔遂成爲滿足吸吮快感的工具，甚至爲相當程度之攻擊衝動的工具。嬰兒這種達到滿足的不同方式，奠定以後成年人格之基礎。一旦生理的基本需求能充分滿足，嬰兒才能對自己與父母，甚至與這個世界的關係表示信任，父母也就能夠運用這個信任，鼓勵孩子對環境開放探索的。因此父母親關愛、親近、負責的態度，奠基了這個「信任」或「不信任」的階段，可以說是整個人生發展的基礎。嬰幼兒期若未能建立對父母與環境的信任，造成日後對自己生命的憂慮、恐懼，影響一生。從占星術而言，所謂的口腔期，就是金牛座所發揮的影響力，金牛座的意義乃是支持生命之資源，生命的持續，需要吸收環境的資源以壯大自我，對新生兒來講，就是吸吮、吃奶。因爲能夠得到環境資源的支持，所以金牛座的特色、美德也有了可以積極發揮的空間，這就是「信任」，對這個地球抱著趣味的心情。

## □肛門期培養價值感

約當出生後第二年，幼兒身體快感，主要來源在於糞便的儲留或排泄，爲了兼顧本我快感與父母要求，幼兒體驗到衝突與焦慮。若幼兒以囤積糞便、刺激肛門爲樂，則可能發展出吝嗇、頑固、重視整潔、喜囤積東西的人格。若幼兒以排泄爲獲得快感之能事，則易做出髒亂無秩序的行爲，以後在社會上表現爲傷風敗俗、破壞和殘忍之事。所以在這時期，父母與幼兒遭遇到的「如廁訓練」，乃是個人自主性和社會服務性兩者間如何協調的訓練。就幼兒而言，隨時隨地大小便，乃是大自然之呼喚；但就父母親而言，居家的標準是要整齊清潔。所以如廁訓練的典型心理衝突延伸至成人世界後，即是自我發揮和社會秩序間如何取得平衡的問題。肛門期是一個人日後自我價值高或是羞愧罪惡感的來源。

在占星術而言，肛門期乃典型獅子座的階段，獅子座原來的意思是創造性，大小便爲嬰幼兒初期主要創造力之表現，若這部分的發揮獲得肯定，造成嬰幼兒對自我的高度自信，日後在成人世界可以成爲不斷創造的動力來源，這個現象的負面發展，即是對這個社會不斷搗亂挑戰。若是因爲訓練大小便行爲，造成嬰幼兒的罪惡、羞愧感，導致此生命在成人世界中成爲懦夫或疑心病重者，他們常會想：是否有人在扯我後腿、說我壞話？當然這個現象的正面發展，即是聽話的好學生、奉公守法的好國民，他們常常願意行善積德或做些好事以彌補自己的天生罪孽，因爲他們心中常有罪惡感、無價值感，所以很願意做白工，也較容易受到強人的管理或統治。

## □性蕾期的戀親情結

在性蕾期，兒童會由觸摸性器獲得快感，男孩之「戀母情結」與女孩之「戀父情結」皆發生於此期，此期兒童愛慕異性別雙親，而嫉妒同性別雙親，並因這種潛意識衝突而感到焦慮，然通常皆能順利度過。男孩無法穿越「戀母情結」的原因很多，例如父親的不喜、嫉妒以及阻止；或是家庭貧困，母親需要別離男童而工作；或是弟妹立即出生，母親因分心於弟妹或沒時間照料此男童度過戀母情結的期間。這個現象如果嚴重的話，也就是成長過程中感受不到眞正的愛，會造成日後在成人世界中對異性的瘋狂追逐，所謂「花心大蘿蔔」是也。其實男人的花心只存於某一短暫時期或幻想之間，太過的話基本上要當作問題來處理，通常根本原因都在戀母情結未能穿越、成長過程中得不到眞正的愛，因而誤認對性的追逐可以彌補此種愛的需求感。

就占星術而言，天蠍座這裡散發出對性的追逐感以及罪惡感，男性無法解決「戀親衝突」的問題時，即會創造出「愛她又要離開她」的事件，就是不能接近他所愛的人，假若女性主動引誘他，又會使他對性一直感到罪疚。

人類可以活到一百二十五歲。腦部發育年限的五倍，就是脊椎動物的壽命。人類腦部發育到二十五歲爲止，由此可以算出壽命應爲一百二十五歲。目前人類的平均壽命和這個數字仍有極大的差距，如何讓人腦有更好的發揮，應該是人類積極思考的方向。「感覺被愛」應是三歲前教育的重點，它的衍申作用即是「正面思考」。我們的人生由自己的信念所創造，我們的內在信念及思考方式，自然會去蒐集相關的能量來付諸實現。「正面思考」的眞髓，在於利用「正面思考」來探索原來被認爲不是有利的事情，要有「發生在自己身上的事情，都是上天最好的安排」這樣的觀念。有好的胎教和三歲前的教育，才能塑造天生容易正面思考的健康生命。

## 成長時期的家庭動力

人類的命運吉凶交錯，我們受到命運之神的擺佈而無可奈何，但是從更深刻的層次看來，命運之神乃是存在我們內心深處的信念，與其說是命運的安排，不如說是自我的安排。所謂「厄運」，如破產、婚姻不幸、慢性病纏身、事業失敗等，大部分原因都是自己懲罰自己、自己討厭自己。有時我們看到作惡多端之人，在氣勢正盛之時，也不會遭到惡報，但是壞人開始良心發現，往往惡報就跟著到了，其實這也是一種自我懲罰的現象。壞人之所以有惡報，乃是人類畢竟會良心發現，因爲天地的本質是純善醇美，人類是天地的子孫，當然會展現此宇宙結構的特性。而且人生百年，其意志力強不過天長地久，再怎麼作惡多端的人，也終究要回歸這個宇宙「光」與「愛」的本質。

對於一般人生現象的起伏或厄運，這種自我懲罰的信念，往往來自於成長時期家庭生活的問題。在家庭生活所形成的情緒積壓中，讓我們對父母親或兄弟姊妹心懷怨懟，報復之心或是不能諒解，會隨著情緒體卡在身體中，變成一種負面的能量，所以被家庭所傷害的生命，往往在一生中，有很多其他的問題接踵而來，但卻弄不清楚這些問題的根源，往往是基於一種對父母親的怨恨，和報復的情緒。西諺說：「報復的人要掘兩個墳墓。」對父母親最大的抗議就是把自己給毀了，把自己搞得一生坎坷、災難連連，無異就是對父母說：「你看，你們的複製品已經完蛋，可見你們的品質是多麼的糟糕。」在潛意識裡的這個深刻的信念，自然會在生命中運作，發生作用，在生活中創造不幸的事件。

## □中國孝道是玄學

中國人強調的「孝道」其實是一種玄學。報紙上天天看到兒童受虐事件，施虐者大多是父母，而中國人竟然會說「天下無不是的父母」，這豈非是個笑話，令人覺得古板而不通情理。所以說，中國人講的「孝道」，其實在某種層次上是個玄之又玄的概念，玄得讓人難以理解。

中國人講的孝道，意思就是眞正寬恕父母，以及自我寬恕。唯有如此，我們才能將受害者角色轉變爲創造者、給予者、成功者，堅持不寬恕也就是堅持扮演受害者角色。但中國卻是用「孝」這個字來表達此一理念，實在是太玄了。

就天道的層次而言，我們誕生於地球，是為了承諾一份愛而來，是要向父母送出我們天賦的禮物。不論父母親如何對待我們，該送出去的禮物還是要送出去，因為這份禮物就是我們自己，唯有肯慨然給出這份愛的禮物，我們自己的生命才能蓬勃茁壯的發展。心懷怨恨只會封閉這份天賦的禮物，阻擋更多的愛進入我們的生命。所以受虐兒童被社工人員救出後，其實事情還沒有結束。這些受虐兒還必須安排有再輔導的心理課程，讓他們的人生遠離惡夢，而且對於那些傷害他們的人，尤其是那些傷害他們的父母親人，在心理上有個合理的定位，給出寬恕，並決定自己不再扮演受害者的角色。

我們誕生在這個世界時，充滿了美妙的天賦禮物、才華及奇蹟，老天的原始意圖就是要我們把天賦送給每一個人。但是在家庭中發生的許多故事，我們面對著成長時期很多的心碎，我們看著我們的家人，覺察到我們相處的痛苦，於是就自覺有責任。我們有了罪惡感，覺得自己有改善情況的義務，這時我們就承接了角色與職責，企圖想抵銷罪惡感。但罪惡感也令我們覺得不配給出，為了某些理由，我們並沒有送出這份禮物——甚至我們選擇不給出。禮物之所以不給出，是由於有傷害，逼迫人家去覺察到隔閡的感覺，隔閡使我們及我們所愛的人感受到痛苦。

命運如同一張白紙，胎教如同在這張紙上打了底色，三歲前的教育又畫上了輪廓大綱，成長時期的家庭動力，牽涉到我們是否願意順順利利完成這個大綱，並送出這樣禮物。若是在信念層次上我們不願意送出，這個信念自然加入我們的生命去運作，然後創造出很多事件來毀掉這個禮物。

## □家庭是人格塑造的工廠

家庭是人格塑造的工廠，在生命最初的二十年，父母是孩子生活中最重要的人物。孩子和父母互動所養成的習慣，以及透過家族成員公開或默認所建立的價值觀，長大後仍可能不自覺的影響他們。這些習慣和價值觀，可能成爲受用終身的美德，也可能成爲人生進步的障礙。一個人在家庭生活中學到的生活態度和行爲，往往會深植於心中，影響其一生，甚至在成爲父母後又傳給下一代。我們常可看到酗酒家庭中的小孩，長大後也變成酗酒者，遭受身體或情緒虐待的小孩，在成為父母後，也以同樣的方式對待子女。在孩子的成長歷程中，所有的家庭經驗如父母的言行舉止、父母之間的關係、家人相處的方式、家庭的氣氛等等，都會形成他心理上的深層結構，進而影響其日後的行為、人格與自我價值。我們可以發現許多有心理或行為問題的人，其家庭背景必有病態存在，這也是為什麼心理治療常會回溯到童年經驗的原因。

我們和原生家庭的未了情，無法藉著離家的形式斬斷。我們以為離開了家，事實上卻把家庭牢牢扛在肩頭。透過家庭歷史的探索，我們將會領悟到自己在自我對待和人際關係中的行為模式，就是那個在自我心中的小孩的感受，這個小孩終其一生仍然把原來的家庭牢牢扛在肩頭，讓我們在面臨壓力情境時，仍然無意識地選擇了最熟悉的解決模式。

家庭是一個系統，家庭成員間的關係與互動，形成家庭的整體系統。每個人具有獨特的個性，同時也受家庭的影響，既代表個人，也是家庭具體而微的縮影。家中某個成員若有心理疾病或問題，並不是單獨的個人現象，而是家庭生病的症狀，個人問題意味著家庭系統的病態。在家庭中最主要的原動力就是「愛」，小孩愛父母是無條件的，也是最自然的，但父母給子女的愛，常常受到環境因素與個別人格影響而扭曲。子女的生命是父母所給，形體也是父母所賦予，所以子女的天性一定是拼命的拉住父母親，並且向父母親要求源源不絕的愛，以滋潤其成長的生命。但由於現代社會過於重名求利，在社會風氣的影響之下，家庭的重要性往往淹沒於事業與金錢的追逐之中。夫妻、親子關係疏於經營的結果，家庭問題於焉產生，孩子的人格也將有所偏差。

## □家庭的五種角色

「十二」這個數字，基本上可說是人類對數量思考的「原型」模式，而人類所有的「原型」思考模式，從占星術而言，都是上應天象的。果然不錯，黃道十二象果然成爲十二星座的起源，而十二個星座就代表星座家族一共是十二個人。這裡頭有一父和一母，然後生了五男五女，共同組成星座家族。但星座家族有何意義呢?星座家族代表所有家族的「原型」，理想的家族是陰陽平衡，男女數量均等。但爲什麼不是三男三女，而是五男五女呢?這也是上應天象。太陽統治的獅子座代表爸爸的角色,月亮統治的巨蟹座代表媽媽的角色。木星統治的雙魚座(女)和人馬座（男）代表「英雄」的角色。土星統治的寶瓶座（男）和魔羯座（女）代表「烈士」的角色。火星統治的白羊座（男）和天蠍座（女）代表「壞蛋」的角色。金星統治的金牛座（女）和天平座（男）代表「小甜甜」的角色。水星統治的雙子座（男）和處女座（女）代表「隱形人」的角色。

### ・壞蛋

孩子爲了向父母要求愛，所產生的人格模式大約有如上好幾種，例如「壞蛋」這個角色。它的深層原因又是什麼呢?很多行爲偏差小孩的父母親，在接受心理輔導治療後，往往發現他們的婚姻存有絕大問題，而孩子只不過是藉著偏差行爲來維繫整個家庭。小孩子變成壞蛋，使得父母臉上無光，兄弟姊妹跟著蒙羞，相信是家族史上令人傷心欲絕之事，其實壞蛋角色扮演者的背後，就是控訴著家庭中，人人都有的一份無奈或罪惡的感覺，而由壞蛋這個角色，將這個感覺發洩出來。壞蛋是要讓家族其他成員共同凝聚力量，來面對壞蛋製造的問題。透過這個問題，家族成員可能需要緊密結合在一起，尤其父母親，會因爲這些問題而拉近彼此的距離，或不得不面對面的商量問題，這就是壞蛋小孩拯救這個家庭的陰謀。我們常見到父母各忙己事、親情互動名存實亡的家庭，會產生偏差行爲的兒童，雖然名之爲壞蛋，但卻迫使父母親不得不共同面對。這種壞蛋最輕微的狀況，是聰明小孩成績退步，這就是一個提醒父母的訊號了。

**・英雄**

「英雄」這個角色則是以其傑出的表現，向父母要求愛，通常出現在家中的長子。英雄可能是賺錢賺最多、學業成績最好、令家族備感光榮的人物，英雄這個角色的後面，代表家庭愛的匱乏，尤其是反應了父母親也在欠缺愛的環境中成長的歷史。這種愛的匱乏是很深的，先天的無價值感，逼迫他不斷的追求榮耀，來證明自己的存在，並向父母表明，他值得獲得最多的家庭之愛。英雄的行徑，也許是其他家族成員所嫉羨交加，也許吸引了社會上大部分的關愛眼神，但英雄在潛意識中會因爲過度追求榮耀，而使自己不能夠平衡而全面的發展，他會忽略了自己的身體、自己的家庭、自己的錢財或自己的子女，這種忽略使得他自己的人生不能持續成功。通常到了更年期或身體老化之時，家庭或事業跟著出現大問題，才使旁人驚訝：這個一向令人引以為傲、且不需別人擔心的家族成員，怎麼背後隱藏著如此巨大的生命漏洞。

・**烈士**

在父母有問題、欠缺愛的家庭中，「烈士」這個角色通常出現於家族成員中罪惡羞恥感較為強烈的一員。「烈士」的意思就是「犧牲者」，家族中的一員藉著自我的重大犧牲來向父母親要求愛，這種重大犧牲可說是由罪惡感帶出。也就是說，他潛意識裡覺得，若不犧牲自我，則不配獲得家人的愛，罪惡感迫使他做些補偏救弊的好事，以證明自己是個好小孩，對家庭有實質上的貢獻，因此值得父母親給出愛，他也接受得比較心安理得。其實這種罪惡感會持續引導其人在任何生命的面向中犧牲，甚至願意犧牲他所沒有而付不出來的東西。這是一個對自己很苛的生命，不斷虐待自己、也不知如何愛護自己的生命，這種人若不持續折磨自己，心情就不能平靜，唯有在傷害自己之後，才能冷靜片刻。

・**隱形人**

「隱形人」的角色扮演，是以缺席來吸引父母的關愛，凸顯自己的地位。通常隱形人都是非常聰明、智商極高的小孩，他們有各種理由或藉口，就是不在家裡出現、就是不回家。不回家讓隱形人感覺安全，與父母兄弟姊妹保持一些距離，會令他覺得所接受的愛更有保障。隱形人在親密關係中常會遭遇到瓶頸，他們常常顯得忙碌，非常喜歡新的朋友，但在老朋友的相處之中，很容易進入一個死亡區，而不能突破。人與人之間要是少了那個距離，反而會令隱形人感到不安，隱形人以害怕親密關係的心態，來表現他如何的需要親密關係。隱形人最大的麻煩，是當其他親密伴侶認識到此點而要求突破時，他往往產生恐懼而悍然拒絕。

・**小甜甜**

「小甜甜」的角色扮演，最常都是家中幼子。小甜甜討好家中的每一個成員，八面玲瓏、十分乖巧，小甜甜認爲持續扮演這個角色，可以讓問題比較簡單，這也是他獲得父母之愛的伎倆。不要傷別人的心，是他最重要的原則，唯有帶給大家歡笑，才是他的天職。小甜甜的內心也許在滴血，但他無法突破表面上扮演的角色，成爲憂心忡忡或暗自飲泣的小孩。小甜甜永遠在追求一份表面而帶有幾分虛僞的完美，在以後自我的婚姻或事業之路上，小甜甜無法以眞心對待。小甜甜是個痛苦而沒有生命力的角色，他會不斷的趕流行，以別人的標準爲自己的標準，小甜甜會說服自己維持虛僞的天眞，而儘量不要接近事情的眞面目。

想想你的父母親、外祖父母和祖父母，在這三對配偶六個人之中，你的個性最像誰？這三對配偶彼此吸引及結合的原因是什麼？你又沿用了這三個家庭中的哪些行爲模式？想想看這三個家庭的胎教，以及孕育下一代的期望又是如何？我們在什麼環境成長？哪些我們與父母親的互動模式，滲透至生活其他層面而影響深遠？透過系統性的思考，我們會對自己的人生有更大的領悟。父母親或上幾代的故事其實會不斷重複在我們身上出現，唯有覺察觀照，我們的人生才有穿越及突破的可能。

## □朔望二弦的誕生者

陳腐不宜的家庭規則，可以稱爲毒性教條。毒性教條灌輸孩子一些錯誤而未經證實的知識和觀念，但卻一直得到人們的許可，而代代相傳。家庭中的語言和身體傷害，會造成孩子的人格不健全，溝通不良的困境，會使一個人裹足不前，因此我們常看到許多小孩心裡的自卑、不滿，不敢或抗拒和父母親溝通。父母是一份全職的工作，需要充分的愛心與學習才能勝任，小孩最需要的是大人的「愛」和「時間」。

在占星術中，生於朔（新月）、望（滿月）、二弦（上弦月和下弦月）的人（大約是農曆初一（新月）、十六（滿月）、初八（上弦月）、廿三（下弦月）幾個日子的誕生者），由於日、月星座的角度呈現零度、九十度或一百八十度左右，通常家庭緣份呈現先天性的緊張關係，成長時期的家庭動力比較有問題。其實佛教的六齋日，也是跟著這個道理而來的，六齋日就是月中吃齋兩天，上弦吃齋一天、下弦吃齋一天，月底（初一前）吃齋兩天。佛菩薩的意思就是，如果要挑選日子吃齋的話，那就挑那幾天情緒較爲不穩定的時候，吃齋比較有幫助。朔、望二弦誕生的人，可以說是體內陰陽能量較不平衡的生命，所以陰陽這兩種力量衍伸所創造的父母緣份，有先天上比較緊張或淡薄的現象。因此在家庭角色的扮演中，就有特別固定或宿命的傾向，要靠臨淵履薄的修養功夫，才能改變既定的氣質。

## 親密關係

在占星術中，十二個星座各有愛的課程：

白羊座教人愛是天眞，學習愛是信任。

金牛座教人愛是耐心，學習愛是寬恕。

雙子座教人愛是諒解，學習愛是感覺。

巨蟹座教人愛是奉獻，學習愛是自由。

獅子座教人愛是奇蹟，學習愛是謙卑。

處女座教人愛是純潔，學習愛是給出。

天平座教人愛是優雅，學習愛是信任。

天蠍座教人愛是熱望，學習愛是臣服。

人馬座教人愛是誠實，學習愛是忠貞。

魔羯座教人愛是智慧，學習愛是無私。

寶瓶座教人愛是包容，學習愛是專一。

雙魚座教人愛是同情，學習愛是一切。

我們由親密關係而來，必將走入親密關係。追尋親密關係是每一個人內心深處的原始慾望，而每個人之所以有不同取向的親密關係要求，和成長過程中人格型塑的環境有關。很多人期待親密關係也害怕親密關係，因爲兩性的故事裡面有人生的至樂與最苦。

## □和另一個生命結合的需要

親密關係，基本上是從「需要」而來。因爲我們在成長的過程，要討好父母親和適應這個社會，我們不斷的失去我們的天真，也撕裂了我們的天賦。我們的生命慢慢的變成了不完整，因此覺得有需要和另一個生命結合起來，讓我們重新感到人生的完整。在自己養育小孩的過程中，我能更清楚的觀察出這種生命的事實。學習和適應的過程從某種角度而言，是十分泯滅天眞的。例如我的小孩子玩得興高采烈非常愉快，但因爲我覺得地點很危險，或是有車輛、有樓梯、有尖角，我強迫他要停止玩耍，說實在的是有些勉強，但是我的小孩，因為恐懼我以及討好我，還是不得不順從我的意思。我常常思索，玩耍遊戲本來就是小孩的天性，但是因爲人類文明的發展，創造了都市這麼不適宜人性的地方，我們自己也都是這樣長大，怪不得愈老個性愈怪。還好我們小時候也都釣過魚、玩過沙，在鄉間的小溪中築過水壩，也曾享受過鄉間純樸而治安無慮的日子，我們的人生不論經歷什麼困難挫折，只要想到成長時期的自然環境，好像大地之母源源不絕的提供我們生命的精力。現在的小孩更麻煩，因爲他們連最基本的大自然環境都被剝奪了，何況現在又在「教育改革」，可見他們的教育又出了大問題。現代小孩眞是沒有大自然，也沒有良好的教育。

我們因爲需要而發展親密關係，我們願意敞開心門，允許另一個人走入我們的生命，親密關係原來是讓我們更健全、更圓滿，本來是我們改運的契機。但很有趣的，現在台灣的離婚率很高，全世界的離婚率更高，在世紀末的今天，婚姻制度幾乎被人類推翻。在人格的需要下，我們浮沉於愛情的追尋，也在愛情的煩惱中體會了生命的傷痛。現在有愈來愈多的青年男女，個個擁有美麗英俊的外觀，高學歷和高薪，但是年逾適婚期，總是找不到差強人意的適婚伴侶，更遑論完美伴侶的出現了。在戀愛的傷痛煩惱中，甚至有人已經下定決心，這輩子婚姻無望，只能夠全力追尋事業成就，再也不必在感情生活上浪費時間了。

## □三婚四嫁屢見不鮮

發展良好的親密關係，本來可以讓我們的人格更健全，生命更圓滿。但我們也可以看到，成長時期問題愈多的生命，愈難面對親密關係。天下事往往很不公平，成長過程愈是傷痛連連，愈是需要良好的親密關係或婚姻來彌補人生的傷痛，但這些人反而以離婚作爲親密關係的收場。現代社會三婚四嫁的現象，已經是屢見不鮮了，三角戀愛或外遇也非罕見之事，這些事實如果只以男人好色或是女人淫蕩來解釋，不只無法解決問題，還使問題更加嚴重。因爲這樣的說法是一種把過錯推給別人、而認爲自己不必對生命負責的人生觀。當配偶有外遇時，不妨反過來問自己：「她的外遇是我造成的嗎？」因爲在夫妻的親密關係中，一方的思考及行動，往往反映在另一方的思考及行動上。前面第一章「宇宙的本質」已經講過「萬法唯心造」和「物以類聚」的原理，如果一切都是親密伴侶的過錯，我們自己也要想想看，這種事情爲什麼不是發生在所有人類身上，而是自己身上，這其中難道沒有「課程」要我們自己反省學習嗎？抱怨之中，隔了一層對生命的「不明白」，這個「不明白」就和我們內在的「缺憾與傷痛」有關。前文提到，親密關係的圓滿與否和成長經驗密切相關，這絕對不是玩笑話。在筆者數以千計的命理諮詢案例中，的確發現這個相關現象：內心傷痕愈多的人，也就是「胎教」、「三歲前的教育」、「成長時期的家庭關係」，這些階段問題愈多的人，婚姻型態愈是驚悚離奇。的確，我們要爲自己負責，不要認爲一切的遭遇和不幸都是別人引起，畢竟我們創造了自己的生命實相，我們要爲自己的一切負責。

其實親密關係的品質，透露了我們心靈成長的方向，每個人選擇的伴侶必然有他自己的隱性人格，透過與伴侶的相處，我們可以體會自己不夠完全的一面。我們因爲親密關係而體會到了人格成熟和健全的方向，如果我們能把握親密關係的苦與痛，加速人生全面的成長，則在塵世生命的課程中，必可以無往而不利。

## □親密關係凸顯我們心碎的根源

親密關係眞正能改運的功能，就是凸顯了我們「心碎」的地方。親密伴侶的那些行爲讓我們「心碎」，我們要追問、要參究的是：「心碎」的根源又在那裡呢？記得，在親密伴侶的互相對待裡頭，我們只能自問：「心碎的根源在那裡？」如果是想要去改變對方，那麼大概會踢到鐵板。婚姻失敗的基本原因就是批判對方、要求對方改變，陷入「如果你不這樣就好了」或「假如你能做到這些就好了」的模式。其實在婚姻中，誰也沒有權力去要求對方改變，除非他自己願意。心碎根源的所在，即是成長時期的舊傷，我們只有回過頭來處理舊傷，自己的身心產生變化了，親密伴侶也就跟著會產生變化。宇宙的微妙就在這裡，處理好生命內在的舊傷後，無緣的伴侶自然好聚好散，有緣的伴侶則會互相調整行爲，眞正成爲一生的靈魂伴侶。切記不要僅以自己的立場去改變配偶的想法，因爲諸如此類的行爲，等於漠視對方的人格。

## □進入死亡區時再度做出愛的承諾

在親密關係中，我們要思索的是要滿足自己的需要呢？還是送出天賦的禮物呢？要記得，當「需要」升起時，要「諒解」；當「心碎」時，要「接納」；當「罪惡感」出現時，要「寬恕」；當我們有「期望」時，要「放下」；當想要控制對方時，要「信任」；當雙方進入「死亡區」時，要再度做出「愛的承諾」。

我們在每一次戀情出現時，可以當作自我成長的機會，而不陷於「得」與「失」的思考，在有所得的前提下才進入。當我們將「心」和「愛」放在其中，享受兩個人之間的互動，此互動中所留下的回憶，點點滴滴亦是永恆，變成我們生命的一部分。我們會對「伴侶」一詞有更廣闊的定義，能夠共同心靈成長、相互關懷、心靈共鳴，才是最重要的條件。

親密關係的處理態度，牽涉到我們改變命運的關鍵，人類的命運為什麼能夠改變呢？就是因為眼光不一樣了，思考方式改變了，行為有彈性了，人生觀出現變化了。能夠把原來不好的親密關係處理到圓滿，就代表大腦結構改變了，新的神經電路網絡形成了，或者是從左腦思考轉爲左右腦並用了，跟著我們腦部的腦波、電荷、化學變化都不一樣了。第一章講到「平衡法則」時已經提過，占星術的十二宮告訴我們，生命的原理是生活各個面向互相依存的，每一宮都會影響到其他宮位。所以，事業不只是事業，婚姻會影響到事業，家庭也會影響到事業；婚姻不只是婚姻，生命的態度、人格的健全，也會影響到婚姻或親密關係；家庭不只是家庭，婚姻會影響家庭、事業會影響家庭、人格的健全也會影響家庭。生命的圓滿，要求之於生活各個面向的平衡，某一方面太過極端、大好或大壞，都會引起其他方面的問題。

婚姻有問題是一種類型，另外還有一種類型是結不了婚，總是抱怨今生婚姻無望，恐怕只能追求事業，完美伴侶基本上是奢求。其實人人都有遇見完美伴侶的可能性，完美伴侶不必追尋，因爲早已爲你準備妥當，只需要散放磁力，馬上就會出現，但到底是什麼卡在中間，擋住了完美伴侶的來臨呢？

## □十二種難以走入親密關係的類型

有十二種類型的人比較難以走入親密關係或是婚姻。基本上這些人的人格發展都有些偏頗的現象，在細節上當然也各有其原因：

第一種不能進入親密關係的原因是，自私自利。這種人凡事先想到自己，再想到別人，他的基本反應都是在自己的利益上思考，很難會為別人的立場著想。這種人心裡只有自己、沒有別人，因此很難進入親密關係。

第二種不能進入親密關係的原因是，唯利是圖。這種人把金錢的價值置於一切價值之上，只認錢不認人，而且為了積聚金錢，願意犧牲自己的一切。對人常存懷疑，深怕在經濟上和別人有任何牽連瓜葛，因此很難進入親密關係。

第三種不能進入親密關係的原因是，好奇心太強。這種人感覺能力較薄弱，不以感情滿足為生命重要目標，反而是好奇心強烈，把和多種異性發生感情之經驗，當作是滿足自己好奇心的一種手段。這種人沒辦法尊重他人的感情，而且把好奇心放在感情之上，因此很難進入親密關係。

第四種不能進入親密關係的原因是，有強烈的不安全感。這種不安全感可能是從胎教中就已培養雛形，成長過程中又遭遇不斷的刺激。所以在沒有感情時倒還能安然自若，一旦有和異性建立親密關係的機會，反而疑神疑鬼、坐立難安，總覺得自己無力消受這份愛情，因此很難進入親密關係。

第五種不能進入親密關係的原因是，自卑感強烈。這種自卑感強烈的狀況，讓他覺得配不上任何值得的伴侶。愈是喜歡的對象，愈是自慚形穢、裹足不前。這種人有時自尊心高昂，無法在親密關係中放下我執而突破，其實也是一種缺乏自信的現象，因此很難進入親密關係。

第六種不能進入親密關係的原因是，害怕給出。這種人對愛情的看法很純潔，希望自己的愛情很完美，因此很怕受到欺騙。如何衡量是否受騙呢？就看對方是否願意先給出自己。如果在還沒有感覺對方給出自己之前，就要自己先行付出或先犧牲，那是絕對做不到的事情。這種心態也會發展出一種過度挑剔並放大對方缺點的現象。人與人之間唯有遠看才能保持美感，就近相處反而雞犬不寧。不能接受不完美的伴侶、標準過高，也會妨礙一個人進入親密關係。

第七種不能進入親密關係的原因是，過度依戀。這種人總是賴著對方、黏著對方，把對方壓得喘不過氣來。他自己的感覺是好得很，陶醉得要命，對方卻有苦難言，總覺得生活的其他面向，都無法維持原來的自主性。這種人不了解愈是黏緊對方，愈是喪失自我的魅力。在兩個人的世界裡，還是各自需要一些獨立的空間，過度依戀只會讓自己得到像垃圾的結果，因此也妨礙了進入親密關係。

第八種不能進入親密關係的原因是，悲情主義。這種悲情主義的人對伴侶是渴求的，對戀愛是瘋狂的，但由於心態上可說心有千千結，在腦筋上也是死命鑽牛角尖。他們總是認為自己的戀愛要驚天地、泣鬼神、轟轟烈烈，要排除千辛萬苦、受盡種種考驗折磨，因此總是感招一些煩惱重重的對象談戀愛，結果該分手的不適時分手，拖到最後還是要分手，早知不如早點分手。或者戀愛時吵吵鬧鬧，分手後又藕斷絲連、想著對方，這也是另一種情緒上的自我虐待狂。

第九種不能進入親密關係的原因是，愛自由。覺得一旦在感情上定下來，就會不自由，而不自由毋寧死，所以也或多或少的害怕親密關係。其實這個自由的問題眞是很弔詭，在愛情上可能很自由，但在人生上卻非常不自由。自由的問題眞是難講。親密關係好比是一扇門，因爲有了親密關係，所以人生又敞開了新的時空，獲致了新的經驗，這就不是那些不肯進入親密關係的人所能體會的了。怎麼說呢？人生並不是只有談戀愛一件事情，人生是多采多姿、環環相扣的。結婚之後，會牽涉到很多配偶帶來的人際關係，例如配偶的父母親、兄弟姊妹和朋友等等，這一堆人進入自己生命後，有很多是自己生命中的貴人，又帶出了人生很多機緣。生小孩也是一樣，不但對人生的想法會有變化，養小孩的過程照樣開啓了人生很多扇門，這就是生命的奇妙。那些因爲愛自由而不肯進入婚姻的人，其實也不過就是在愛情上維持自由，但人生的自由，其實是開啓不同時空的機緣，婚姻絕對是一個關鍵因素。肯給出承諾的，往往會獲得更多自由；不肯給出承諾的，往往也沒有自由。

第十種不能進入親密關係的原因是，事業心過強。這些人，口口聲聲說沒有異性朋友，年紀不小了，也很想結婚成家，但每天都是爲了事業，忙得不得了。問他們肯不肯抽空參加男女交誼活動，答案是沒時間。爲什麼沒時間呢？因爲和事業比較起來，親密關係其實不是眞心想要的。這些人的心思，跟某些想上西方極樂世界的信徒一樣：如果阿彌陀佛出現在眼前，詢問是否願意立刻去西方，通常回答都是：「還是等我把俗世的緣份了完再去吧！」事業上花那麼多時間爲什麼呢？還不是因爲不安全感在作祟。其實人只能在一段時間內，以拼命努力來肯定自己的能力和存在的價值，一輩子都這樣是不可能的，也太辛苦了。人生境界一定要從「我有能力生存」轉化到「相信老天愛我」。事業心過強的人不了解，親密關係的培養和事業一樣，要花很多時間，且人生乃環環相扣，親密關係的圓滿，可以讓事業更輕易自在、更能領受老天之賜福，這才是「相信老天愛我」的更高境界。

第十一種不能進入親密關係的原因是，博愛。博愛不是花心，是不懂男女之間那點微妙的情愛，所以是交了很多「男的朋友」或「女的朋友」，但都不是「男朋友」或「女朋友」，每次出去約會，不是「一對多」就是「多對多」，根本沒有單獨相處培養感情的機會。這種人有點粗線條，總覺得好像每個異性都可以作朋友，但都進入不了狀況。這種人的心思不夠細膩，無法深入交往，也不懂如何表達內心感受，更沒有辦法體會到那微妙的「情愛」，平常應該多看些較溫馨的文藝愛情電影，培養欣賞藝術品的鑑賞能力，並多接觸大自然遊山玩水，情況比較能有所改善。

第十二種不能進入親密關係的原因是，自願做「犧牲者」。這種人的心腸很脆弱，以女性爲多。常常因爲不忍心和愚蠢，把伴侶的人生問題扛下來，弄到自己進退兩難，到最後對方不能有所長進，自己也筋疲力盡，最終人財兩失。我們稱這種人爲「搶別人的考卷來寫」。其實上天安排每一個人的問題，都有成長課程的意涵，每一個人也都有能力去解決自己的問題。但是我們脆弱而敏感的好心看不到這一點，想要幫伴侶扛下我們不該碰的問題，結果雙方都無法成長，而且無法得到能量。要記得，當你認爲你的伴侶不能解決他自身的問題，而需由你來插手時，在靈魂的層面上，就已經小看了對方的能力。如果再進一步培養對方的依賴性，這種犧牲其實損人不利己。這種自願做犧牲者的人，會在每一次的親密關係中創造自己犧牲的機會，也會因自己進一步的犧牲，而破壞了可貴的親密關係。

一個人會吸引哪種人、碰到什麼樣的伴侶，其實是跟自己的能量狀況有關，能量不相應的絕對無緣。當你的伴侶對你發考卷的時候，先靜下來想一想，這樣的考卷代表自己的人生需要增長什麼？我們的伴侶、配偶有時候就是扮演魔鬼總教練的角色，最重要的是，在這個過程當中，我們要能明白，是自己成長過程的哪一環節出了問題？人生的很多現象，在疑似難明之間，需要智慧才能大徹大悟。

## □恩愛夫妻的操縱控制

根據筆者的觀察，很多貌似恩愛的夫妻，其實是陷入了「操縱和控制」的陷阱。夫妻一方的強者，希望能夠完全控制弱者，希望這個弱者能完全配合強者，這叫「控制」。但夫妻一方的「弱者」，也很希望以自己的百依百順來「操縱」強者，這也就是換個方式告訴這個強者，只有我（弱者）能夠這樣配合你（強者），你在其他地方再也找不到像我這樣的人了。這種「操縱」和「控制」的關係互動，表面上看起來好像也是恩愛夫妻，但是那個扮演百依百順的「弱者」角色的一方，會因為長期「情緒體」的壓力而累積負面能量，卡在身體中出大問題，造成不是久病牽纏，就是早死。生病是「活人對活人」的控制——生病不是我的錯，而我既然是病了，你就應該多愛我一點。死亡是「死人對活人」的控制——我要你永遠記得我，天下沒有其他人會像我對你這麼好，像我這樣的人你今生再也碰不到。

這就是一般所說的恩愛夫妻，所以中國人有一句話是「恩愛夫妻不到頭」，爲什麼？就是因爲陷入了心靈上的「操縱」和「控制」。還好，目前婚姻制度也快被人類推翻了，其實離婚幾次倒不是問題，眞正能淸楚的從每次進入親密關係的障礙中看出自己人生的問題，才是重點。若在三婚四嫁之後，老問題仍然留著，或是一樣的指摘對方，自己不肯爲自己的生命負責，這才眞正浪費了生命。

夫妻是「互相」的，這種互相在對方眼中看到自己的某一面，也可以說是一種大自然的「奧妙」和「互補」。吝嗇而虐待自己的先生，會碰到花錢毫不心疼的老婆；喋喋不休的妻子會嫁給耳聾的先生，這眞是大自然的定理。能互補的夫妻，才算是配得最好的夫妻，不過互補的夫妻，也因爲雙方不同的特質，容易引起生活上的衝突，這是因爲他們可以互相珍視對方的特質，也可以互相瞧不起與自己相反的那一部分。如果夫妻運勢相同，大家同好同壞，可說甘時同甘、苦時共苦，好壞大家都沒話說。但對家運而言，錦上何需添花，雪中無人送炭，這就是沒有互補作用的壞處。夫妻運勢週期如果相反，則妻運壞時有夫運相助，夫運壞時有妻運相助，則家道永遠興旺，無論春夏秋冬都能過得很好。但不懂珍惜的人未必這樣想，配偶的一方如果走好運幾年，而另一方運勢剛好比較弱時，就有好運的一方會想，是不是對方與我不配，於是棄對方而去，等到分手之後，剛好自己的好運也走完，對方的運勢反而蒸蒸日上，不得不大嘆「看走了眼」。

## □成功能量誰提供

在家庭生活中，夫妻中有一位能提供成功能量、另一位接受成功能量，這是最好的現象。所以外面的大男人回到家裡也是一樣大男人，家裡也有個小女人和你互補，把你讚美得心飄飄然，飛到天上去，對你撒嬌，這樣子提供你成功的能量，培養你成功的信念，讓你在潛意識的層次都自認為很偉大，那麼你就能夠在外面社會職場上，繼續的做個成功的大男人。同樣的，外面的大女人，回到家裡也是一樣大女人，家裡也有個小男人和妳互補，把妳讚美得心飄飄然，飛到天上去，對妳撒嬌，這樣子提供妳成功的能量，培養妳成功的信念，讓妳在潛意識的層次都自認為很偉大，那麼妳就能夠在外面社會職場上，繼續的做個成功的大女人。

所以，在家庭生活中，有人提供成功能量，有人接受成功能量，這就是完美的互補。但在傳統的社會中，很能接受「大男人和小女人」的組合，所以比較沒問題；傳統社會比較不能夠接受「大女人和小男人」的組合，這已經成爲傳統社會對男女角色刻板認定的影響，而傷害了現代社會的婚姻生活。

常常有很多女強人來論命，主要是問先生爲什麼不爭氣、爲什麼一事無成？其實，妳是女強人，回家還是女強人，妳的先生處處被妳比下去，成功能量早就被妳奪走了嘛！他要怎麼強呢？他每天回家跟妳在一起，一比較，打從心眼裡就沒有辦法認爲自己是強者，再加上妳又藉故數落他一陣，再怎麼想強也強不起來啊！除非這個大女人一回家馬上變成小女人，立刻溫柔婉約，不過這有可能嗎？因爲要做「雙面夏娃」也很辛苦，IQ和EQ或其他多元智能都要很高才行。其實人生也不見得要這麼累嘛！先生如果是小男人，在家燒飯、洗衣服、帶小孩，有什麼不好，現代人應該要能夠接受嘛！所以我常勸她們看開一點，現在還能做夫妻，一定是一強一弱的搭配，再換一個，變成兩個都強，不離婚才怪；若兩個都弱，家道一定無法興旺。妳的先生在家裡提供妳成功能量，不是挺好嗎？所以，傳統社會對男女角色的刻板認定不能調整，也造成現代婚姻生活的適應問題。

## □傳統男女角色的刻板

尤其當此時代，大家都知道教育出了大問題，教育爲什麼出問題呢？除了社會日益複雜之外，夫妻兩個都在就業，沒有人在家專職帶養小孩，也是重要因素。現在都是養而不教，主要問題一方面是沒時間，另一方面是沒有認識到要把小孩教好，是要花很多苦心，是極不容易之事。

生活在都市，空氣和水的品質都很差，居住地區缺乏綠地，夫妻都在上班，平時感情冷淡或不睦，一星期工作六天，每天工作和通車時數超過十小時，沒有運動習慣，過這樣的生活還想把小孩教育好，那眞是幻想。

有小孩的夫妻，不論是夫還是妻，一定要允許其中一位待在家裡，做專業的家庭主夫（婦），負責維繫家中的一切，主要就是讓家像個家的樣子，然後還要負責和學校的老師聯絡，和其他的家長共同合作，關切學校的教育計畫，幫自己的子女選擇朋友、安排活動。這些事情加起來，可能比在外上班支持家庭經濟來源還要累，所以千萬不要認爲安分待在家裡的那一位家庭主夫（婦）是弱者。

每個家庭都需要一位專職者，負責保護自己的小孩，負責保護您的小孩像個小孩樣子，能夠晚一點被成人世界所污染，能夠不要太早熟。成人世界雖是他們遲早要進入的，但請讓他們維持童眞的修行期可以長一點，天性才會厚一點，人生的福祿也才會重一點。

就占星術上而言，相對星座的誕生者互補性最強，也就是「白羊—天平」一組、「金牛—天蠍」一組、「雙子—射手」一組、「巨蟹—魔羯」一組、「獅子—寶瓶」一組、「處女—雙魚」一組。這六組配對的夫妻最難相處，但如果能成就圓滿的婚姻，人生的成長也是最多的。

在大化的流行中，煩惱是重新整理生命偏見的契機，眞愛只是一種發生，我們無法強求。吾友王靜蓉在其著作《愛情煩惱免疫學》中說：「如果要戀愛，就不得不修行。如果開始修行，就會了解愛不是可以強求得來，它是在淨化生命的過程中，必然會出現的禮物。」王靜蓉並指出了生命是眞愛的展現，而煩惱是眞愛的呼喚。能夠在親密關係中看到自己的心碎、圓滿自己的生命，才能穿越這層關係而提昇自己的生命。

## 親子關係

有一句話說，女人生了第一個孩子之後，是一生中最美麗的時刻。其實小孩不只改變女人，也改變男人。大部分男人在小孩誕生之後，思想觀念也都明顯有所轉變。我們可以說，小孩把男孩和女孩推進了成人世界。

如果我們把歷史中的帝王做個統計歸納，可以發現，開創一代盛世的君主，幾乎都是多子多孫；反之，大部分朝代的末世之君，絕大多數有無子或少子的現象。例如商朝的紂王只有一子，秦二世無子，清代最後三個君主同治、光緒、宣統不但都是無子，而且下場的悲慘坎坷，是一代甚於一代，非常令人嘆息同情。但反觀盛世之主，如唐高祖李淵有二十二子十九女，唐太宗有十四子二十一女，清康熙有三十五子八女。因此在中國傳統的觀念看來，多子多孫通常和一家族的氣運有關，故被視為福壽之徵，而痛恨別人到極點，也以「絕子絕孫」為最嚴厲的詛咒。

中國傳統上向來認爲，子孫爲先人血脈之承續，故積德遺之子孫，造孽也報在子孫，因此觀其子孫之昌盛，可覘先人之德業。不但平民如此，帝王之後亦然。這是中國傳統認爲「天道好還」的因果定律。觀諸史冊，的確如此。例如漢高祖劉邦性喜殺戮功臣，因此也有呂后專以屠戮劉氏爲報；唐太宗導引「玄武門之變」的慘禍，因此有武則天殺戮唐宗室的報應；明太祖朱元璋也屬殺戮太過的創業雄主，因此也發生了「靖難之變」，其子孫也以互相屠殺爲因果循環。

## □子孫昌盛和上天賜福

所以中國人認爲「多子多孫多福氣」，也就是認知到「子孫昌盛」和「上天賜福」是相關的。什麼叫作「家道興旺」呢？就是添丁、發財嘛！添丁和發財是相關的，添丁就代表家裡的生生不息之氣，這股代表天道好生的能量與家中愛的環境融合發酵，就像龍捲風一般，自然會把外界的資源捲進來，支持這個家庭。把外界的資源捲進來，就是透過父母的職業生涯，讓父母親有名有利。其實這才是一個人的事業基礎，靠的就是愛的氣氛下生生不息的能量，這就取決於良好的親密關係和親子關係。所以說，家庭健全是一個人的事業基礎，這樣的事業才是輕易自在的事業，才能輕輕鬆鬆的賺錢。

我們環顧古往今來能做大事業的人，一定可以發現，人的力量是很有限的，要作大事業不容易，即使是有很大的本事，十八般武藝樣樣精通，要作大事業也不容易。能作大事的人，都是靠上天的安排作出來的，靠的不是自己的本事，靠的都是走在奇蹟的路上，不明就裡的人就會稱之爲「運氣」。其實人誇耀自己的本事是一件很可笑的事情，天下有本事的人太多了，老天要創造一個聰明人會讓你自嘆弗如，你努力一輩子，也未必趕得上一個天才。人生很多時候，有努力未必有收穫，英雄不遇之時，比常人還慘。

所以我們要知道，一個禮拜工作七天，每天工作時數超過十二個小時，沒時間發展親密關係，想到養小孩更是頭痛，因爲事業這麼忙、壓力這麼大，哪有時間養小孩呢？老實說，即使是這麼努力、這麼有事業心，也未必有事業。回過頭來健全自己的家庭，多生養幾個小孩，說不定事業就會發生奇蹟。但要注意，一定要在愛的環境之下孕育下一代的生命，若是夫妻不合，生養又多，只會造成更嚴重的社會問題。

## □一枝草一點露

中國人有另一句話叫「一枝草一點露」。這句話是鼓勵人作父母不要怕沒錢養小孩，小孩子自己會帶來自己的「食祿」，作父母的不要擔心養不起。小孩子會帶自己的「食祿」來，聽起來好像很玄，實際上有這種經驗的父母應該不少。我聽過很多朋友跟我講述這種懷孕後家庭經濟狀況好轉，或者是小孩誕生後事業忽然出現新機運等等類似的故事，這都顯示了這個宇宙是奇妙的。人生的各個生活層面互有牽連，事業絕不只是職場生涯而已，而是人生全部能量之顯現。

其實我們也可以看到，很多大陸老兵孑然孤身來台，在艱困的經濟條件下謀生，有很多人在困難的條件下成家了，也有很多人迫於生活，根本不敢有生兒育女的念頭。但這些敢於成家、敢於生兒育女的老兵，初期雖然因爲有家累而顯得壓力更大，但長期十幾年或幾十年下來，就可以看出差別，那些成家的人終會有一個安定的老窩。沒有成家到處飄盪的人，到老還是到處飄盪，這種例子不勝枚舉。萬法唯心造，不論你做出什麼選擇、什麼決定，老天都支持你。

## □生命的大補湯

養小孩的另一個衍伸作用是，小孩子的成長逼迫我們自己也跟著成長。尤其是年過四十歲、到了更年期左右的人，若還是單身，沒有生兒育女，人生奮鬥的目標都會不見，常會感到生活空虛，不知爲何而活，或是活得無精打采。所以三十歲之後的養小孩經驗，等於是一帖「大補湯」，喝下這帖「大補湯」的人，有力量繼續開創自己四十歲更年期後的生命，沒機會喝下這補帖的人，人生之路會走得比較艱困一些。

有很多人說，養小孩很吵，他們受不了。說這個話的人眞好笑！其實小孩子不是吵，小孩子是高頻率、高能量，小孩子才從天堂下來，他們比較接近上帝。如果你受不了小孩的聲音，那也就是告訴你自己——你已經偏離自然多遠、泯滅天眞多厲害，該調整調整了。想想看，在目前這個壓力這麼大的社會，大人經過了多年社會化的心靈扭曲，眞是連笑都笑不出來了。如果一個大人和一個小孩同時放聲大笑的話，請問哪一個笑聲更純粹、更眞心呢？上帝會比較喜歡聽誰的笑聲呢？所以聽到小孩吵，不要生氣，小孩子能夠快樂的大吵大鬧，聽到這個聲音，就代表您快要發財了，想到要發財，大概您就不會生氣了吧！

很多父母親來找筆者，爲他們的小孩做命理諮詢，他們認爲小孩的命理出問題，所以令父母親如此困擾。根據我的經驗，有太多案例都顯示一個定理，那就是**小孩子的問題基本上都是大人問題的反映、顯現**。也就是小孩的問題小、大人的問題大，這兩邊分不開，若小孩的問題大，則大人的身心問題一定不得了。

## □偏差行爲維繫家庭

現代社會過於重名求利。在社會風氣的影響之下，家庭的重要性往往淹沒於事業與金錢的追逐之中。夫妻、親子關係疏於經營的結果，家庭問題於焉產生，孩子的人格也有所偏差。許多行爲偏差小孩的父母親，在接受心理輔導治療後，往往發現他們的婚姻有問題，而孩子只不過是藉著偏差行爲來維繫整個家庭。

你給孩子什麼樣的環境呢？指責中長大的孩子，將來容易怨天尤人。敵意中長大的孩子，將來容易好勇鬥狠。當家庭有良好的婚姻作爲核心及基礎時，家中的孩子才會得到保障。因爲夫妻的關係愈穩固，孩子也往往愈被准許作他們自己。孩子藉由模仿周遭的事物來學習，因此父母的相處方式，自然成爲他對兩性關係與自己角色認知和判斷的依據。孩子具有吸收性心智，對於周遭環境的人、事、物，會如海綿般的吸收、學習，所以夫妻如何扮演自己的角色、掌握自己的工作、又以何種態度看待彼此，均會成爲孩子學習的對象。對子女而言，父母的生活方式才是最佳的教材，身教必定重於言教，因爲在子女心目中，大多只會照父母的做法去做，而非聽父母的話去做。所以筆者深深體會：「言教不如身教，身教不如心教」的道理。我們常以爲我們在教育小孩，其實不如反過來看，小孩是我們生命中的另一種導師。**小孩子顯現了大人的心魔，表演出父母大人最害怕、最心痛的事情來。**

養小孩，是重新得到一個機會，去處理那些童年時候沒有處理好的問題。這些問題隨著時間推移，你可能漸漸淡忘，但負面能量仍儲存在你的身體中卡住。

現在你有一個機會和小孩再度成長一次，去用一個比較成熟的方法解決孩子的問題，也同時解決你當年成長的問題。很多人生下體弱多病的小孩或重度病症的小孩，請這些父母想想自己的童年：是不是對自己的成長期有不能接受、不能諒解的一段過去，現在深埋在心中？你的小孩以病痛來喚醒你的心結，無疑的，他是你的精神導師。

3

# 從顏色調整生命的脈輪

前言：如何運用顏色來平衡能量

如何調整我們和環境間的能量平衡？運用顏色是一個既簡單又方便的思考方向。所謂能量的表現，即是在色彩、聲音、溫度和振動頻率四個方面，而色彩是一個容易了解且容易控制的生活變數，如果了解各種顏色所代表的基本意義，可以讓我們更方便有效的創造出我們想過的生活。

在中國的風水術中，有所謂的九星法，是一個很重要的派別，其呈現方式，與顏色很有關係。九星就是所謂的「一白貪狼、二黑巨門、三碧祿存、四綠文昌、五黃廉貞、六白武曲、七赤破軍、八白左輔、九紫右弼」，而九星都和色彩產生關聯。在心理學上，也有所謂的色彩心理學，因爲人類對自己本身的思維活動並非完全自覺，很多心理或情緒之癥結，背後有其隱藏的動機，這種隱藏動幾可藉由色彩的喜好或運用而透露，可以反映一個人的感情、喜惡以及選擇、甚或決定。在物理的分析中，我們也知道不同的色彩帶有不同的波長和振動頻率，因此色彩也是能量之顯現。

人類在遠古時代，就有很多描述「靈光」的文字和繪畫，在環繞身體的光芒中，通常包含一種或數種顏色，這些顏色恰是大自然中彩虹的顏色，也就是紅、橙、黃、綠、藍、靛、紫。

這些靈光場的顏色，與人體的脈輪有非常特別的對應關係，由特別的脈輪所產生的能量，決定了靈光場的主要顏色，因此我們也可以從脈輪的功能，了解顏色所代表的原始意義。

## □神秘的脈輪

在神秘學中，有關脈輪的說法來自不同的密傳體系。例如五個脈輪的體系是指1.海底輪2.心輪3.喉輪4.智慧輪（第三眼）5.頂輪；七個脈輪的體系是將五個脈輪體系中的海底輪又分出1.海底輪(會陰)2.臍下丹田輪3.太陽神經叢，所以就變成了1.海底輪（會陰）2.臍下丹田輪3.太陽神經叢4.心輪5.喉輪6.智慧輪（第三眼）7.頂輪。九輪的體系認爲除了前述身體內的七個能量中心外，還有兩個較高的氣輪（Atman和Brahman）存在於身體之外。另外還有十二輪的脈輪體系，說法分歧，例如：

| | |
|---|---|
| 第1輪 | 湧泉輪 |
| 第2輪 | 海底輪 |
| 第3輪 | 下丹田輪 |
| 第4輪 | 中丹田輪 |
| 第5輪 | 上丹田輪 |
| 第6輪 | 太陽輪 |

| | |
|---|---|
| 第7輪 | 心輪 |
| 第8輪 | 意志輪 |
| 第9輪 | 喉輪 |
| 第10輪 | 第三眼智慧輪 |
| 第11輪 | 頂輪 |
| 第12輪 | 靈性體 |

在十二輪的體系中，除了增加了湧泉輪和頂輪之上、人體之外的靈性體，丹田輪還被分爲上丹田、中丹田、下丹田三輪。據說上丹田的顏色是粉紅晶，代表人際關係，中丹田的顏色是紫水晶，代表勇者之光，具足勇氣，下丹田的顏色是薄荷綠之光，代表青春之泉，生命的起始。

在這些令人困惑又分歧的說法中，我們了解人類早已透過對脈輪功能的分析闡釋，來了解顏色對人類生命之意義。古印度的《吠陀經》，可能是探討脈輪顏色最古老的文獻，雖然在提到個別的脈輪與特定的顏色時，有些眾說紛紜，但一般都同意，脈輪的顏色與彩虹的光譜相同。

## □七輪體系對應彩虹七色

七輪體系是最標準的說法，也恰好將人體每一脈輪對應了彩虹的七個顏色。例如，海底輪的能量代表人與地之連結。人需要地之能量來支助，例如飲食，皆是地上所生之物，而地的能量是來自天的能量。海底輪能量具足，開始啓動生命之源，這是火的能量，代表拙火。同樣的，海底輪所對應的紅色，即賦予了有關保護生存此種能量之意義。每一個脈輪轉動都會創造能量，某一道特定脈輪的顏色由頻率決定，每一個脈輪的能量多寡或強度，決定靈光場的主要顏色。

不論輸入身體的是何種顏色，將會被每一個脈輪用適當的方式加以分類或過濾，每一脈輪接受能量後，會自動分離出身體該部位所需的顏色。第一個脈輪是紅色，第二個脈輪是橙色，第三個脈輪是黃色，第四個脈輪是綠色，第五個脈輪是藍色，第六個脈輪是靛色，第七個脈輪是紫色。也有謂第六個脈輪是紫色，第七個脈輪是白色的說法。大致而言，前三輪掌管肉體（第一輪）、情緒（第二輪）

和心理（第三輪），屬於人的世界。後三輪掌管眞理（第五輪）、奧祕（第六輪）和神性（第七輪），屬於神的世界。第四輪代表愛及慈悲，溝通前三輪與後三輪，也就是溝通人的世界與神的世界。

一個刺激進入身體時，首先進入第一個脈輪，然後第一輪產生能量流，進入第二個脈輪，順著這個模式，最後從頂輪出去。這種進出的過程很重要，宇宙供給地球能量，地球供給人體能量，進來人體的能量又受到人體本來能量場的作用。這種作用依據個人特殊狀況，可能是一種修正，也可能是一種扭曲。脈輪系統以一種特定的方式產生功能，當所有的中心都各就其位、功能正常時，訊息進入第一個脈輪被記錄爲一個概念，然後進行到第二輪，形成一個感覺，進行到第三輪成爲一個意見，進行到第四輪產生第二個感覺，進行到第五輪產生一個反應，第六輪產生靈感，第七輪產生釋放。這種良性循環是一個健康的運作模式。

據說賀爾蒙控制人體許多功能和能量節奏，由內分泌系統製造，我們推測能量可以改變或完成這些生化反應。由於古代文獻中特別提到，脈輪發出的能量，以不同的顏色呈現出來，治療師一般都同意，對內分泌系統的了解，將引導我們了解脈輪的顏色和光亮的關係。由於脈輪和內分泌的關係，能量治療必須配合這些生化反應，因此有關顏色之意義與運用顏色之原則，在神秘學的領域中，完全是先由對應脈輪的思考出發。從而了解，顏色所強化或強調的個人脈輪功能，到底將此人導引至更平衡抑或更偏頗之境界，由此產生健康或不健康的價值判斷。

## 熱情幸福的紅色與海底輪

### □紅色的故事

紅色給人最鮮明的聯想就是火焰、衝動、熱情、豔麗、愛情、喜事等等，象徵著幸福和喜悅，是一個富積極性的色彩，也是中國人喜歡使用的顏色。紅色在捕捉視覺上是活動最快的顏色，又具最強的感情衝擊。紅色的特性是極爲物質導向的，把我們密切地與現實世界連結起來，若在包裝上使用紅色，商品會充滿活力和喜感，視覺衝擊性最大，因爲紅色像是會發出「我在這裡」的訊號。

紅色是三原色之一，有最大的波長和最慢的振動，特別具有刺激感，使人覺得搶眼，能使睡覺的能量甦醒過來。通常紅色特性所結合的，都是令人感受強烈之感覺，例如送玫瑰花給愛人，其他如性愛、憤怒、侵略、激動、熱情等等。在暖色系裡，紅色是最熱的顏色，實際上紅色和散發熱的紅外線波長最接近。紅色由於攻擊性強，經常和戰鬥結合，紅色的火星就是以戰神的名字命名。據說看到大片紅色，會使心臟跳動變快、腎上腺分泌增加，紅色從愛、勇氣到慾望、殺人、喜怒等，都是足以喚起熱血般感情的顏色，所以也是屬於「革命」的顏色。代表熱情如火，企圖接納與反抗，喜歡競爭競賽，強調性愛之興奮，支配環境和他人之欲望，充滿了正面和負面的慾望。因此紅色是熱情、外向、努力、奮鬥、爭取同情、愛情、柔情以及各種憤怒、反抗情緒。紅色光是治療身體下部之光，如腳部、直腸、肛門。

紅色的靈光場與強烈而純粹的自然情緒狀態、身體的活力或生命力量有關，紅光激發海底輪的能量。紅色表示根入於地球的能量、能量的增強、日常生活上的一些基本保護，是生命進化和發展的開始，沒有紅色就少了生命和生命的延續。人體的血液即是紅色，象徵著求生需要及自我保護之功能。宗教儀式上常以血來表達紅色和生命的強烈連結，因爲血液隱藏生命力，所以被視爲具有特殊的力量。假如一個人過分追求精神生活而脫離現實，紅色能幫助我們回到物質世界之中，亦能宣洩心中的抑鬱和憤怒。紅色是「大哥大」的顏色，熱情、豪爽、有草莽氣、有親和力，對於自閉、內向、優柔、寡斷，所謂林黛玉型的生命型態，有幫助調和的效果。

**□對應脈輪**

「第一輪」，或稱「海底輪」，乃人體第一個能量中心。本脈輪主要功能爲生存之保護，腳踏實地，能夠根入於地球，主管生存之動力，生生不息之精神，熱情和能量。這個脈輪是肉體的意識區域，所有肉體的感覺，例如愉悅及痛楚，及情緒上的狂怒，都由這個部分散發出來。除此之外，所有求生的需求，及自我保護的本能，都受這個脈輪的影響。這個脈輪因主管生命的存在，有時爲了生存，也會不擇手段、有己無人、不計後果，所造之惡業即對應「地獄道」。

脈輪位置：在骨盤底部之中央，介於性器官和肛門之間。

脈輪引伸：第一個能量中心猶如源頭活水，當生命力蛻變為力量、慈悲、智慧、神性之前，它們具有相同的基礎，這個脈輪能量的提昇，就是靈性蛻變的開始，它是引導通往釋放和成道的力量，在日常生活中，這個脈輪幫助我們允許能量流進來，跑到我們雙腿上，強烈地支撐自己的存在。我們會有開創和自我實現的能力，感覺到自我支撐力，不必依賴別人，自己認同自己，可以為自己負起責任。如果是負面的發揮，就變成物質化，認同權力、金錢、食物等，或者產生負面的感覺，例如無價值感、罪惡感、害怕、需要，或者是性愛方面發生問題，如性無能或性壓抑。這個脈輪如果失調，容易發生便秘、痔瘡、坐骨神經痛、性功能不正常、心不在焉、無法專注。

人體範圍：雙腳、雙腿、骨盤的底部、腎上腺。

正面意義：腳踏實地、強壯、實際、保護、抵抗外力、消除疲倦、再度活躍、支援肉身、壯陽、熱情。

負面意義：憤怒、挫折、激動、恐懼、物慾、衝動、性慾、鬥爭、兩性煩惱、人際糾紛。

**□生活實例**

野心家、政治家、領導者、熱戀之人、熱情之時、激烈運動者、情慾高漲或正處於性衝動時、生氣憤怒之中、熱情佈道者、搖滾音樂家、參與競選狀態等等，其紅色光頻率皆增加。紅色之特色為體力、精力，欠缺生命力或沮喪時應多用紅色補充能量。

## 甜蜜信任的橙色與臍輪

**□橙色的故事**

紅加黃變成橙色，是三原色之外，辨認性和注目性最高的顏色。橙色被廣泛利用為商業廣告和交通標誌的主要色系。橙色給人最直接的心理反應是衝動、華麗、歡樂、甜蜜、豐收，讓人聯想到橘子、柳丁、柿子、火焰等等，相當適合表現甜蜜感覺的產品。

橙色是安全感的來源，表示對過去事變的治療，震盪驚嚇之後的收驚，夜裡惡夢的平息、安魂。橙色也代表信任、需要和依賴，代表從別人得到認同和讚賞。橙色之中有依賴，也有因為獲得依賴後的放開，若是很深的放開，則可以引導性能量，使它來到心曠神怡而喜悅的一種能力。橙色是一種能夠幫助我們打開直覺能力的鑰匙，它同時也和從我們腹部裡來的很深的直覺連結在一起。橙色有能力吸收我們過去種種情緒上的衝擊，而且把這些衝擊釋放出來，給予淨化和治療，因此我們說橙色是收驚安魂的顏色。

橙色幫助發展情緒，使人變得敏銳，增進觀察能力，所以能掌握狀況，還能幫助人富有同情心，容易受到感動，包容性增強，樂意日行一善。所以橙色使人善解人意、擅於慰藉別人。

橙色和性有強烈的關連，在童年時代遭受性虐待的小孩，常會下意識的選擇橙色保護自己。古羅馬時代，妻子為了取悅丈夫，把頭髮染成橙色是一種風尚。橙色含有性方面的隱喻，在早熟孩子的繪畫中也可見出。在精神病患者的繪畫中，橙色暗示充滿血的肉慾。法國風俗用橙色的花來裝飾新娘，象徵多產的希望。橙色可以幫助治療生殖器官，亦有助恢復信心、自我價值，並增進個人的勇氣。

## □對應脈輪

這個脈輪稱爲第二輪或是「臍輪」，它的位置是在下腹部裡面，和丹田是結合在一起的。它是身體的重量中心，也是平衡和移動的中心，因此是身體活力和健康之泉源，也是夫妻之間的一種閨房藝術。第二個脈輪也是情緒體，所有情緒都在此處呈現，受此區域管轄，第二輪也和動物性有關，也就是飲食男女之事，因爲此脈輪主管很多生殖交配的功能，因此也和「畜生道」有關。

脈輪位置：深深的在腹部裡面，在脊椎骨的前面，就在肚臍下一點點的裡面。

脈輪引伸：來自臍輪的能量，最主要的是自癒癒人的能力。由於富有強烈自癒癒人的趨向，因此也特別敏感，擅於看清各種狀況，富同情心、容易受感動，樂於助人，把別人的問題當自己的問題來看，也因此衍生出煩惱多、壓力大、容易疲勞。這個能量中心是身體吸收驚嚇的中心，也是把感覺帶進來，允許情緒的流動，使它變成「做愛」活動的一部分。在這個能量中心，性愛的活動可以被蛻變，而且可以達成一種遠超出身體層面，使得身體和靈魂結合、性慾和靈性交融的境界。這個脈輪如果失調，容易發生膀胱或是腎臟的問題，腹部的緊繃或疼痛，不能享受性慾，骨盤和下部的僵硬和緊繃。

人體範圍：子宮、生殖系統、腸子、女人的卵巢、男人的睪丸。

正面意義：保護情緒、回到現實、勇氣增強、平衡內分泌、治療「性功能」方面的問題。

負面意義：依賴、上癮、慢性的緊張。

**□生活實例**

社工人員或輔導員、心理諮商者、命理諮商者、醫生、護士、保姆、看護人員、店員、推銷員、老師、廣播節目主持人、大哥大或大姐大、妓女、牛郎、性治療師，其橙色光之頻率皆增加。橙色是自信與勇氣的顏色，欠缺安全感或自我形象低落時，可以多用橙色來補充能量。

# 明朗知性的黃色與太陽輪

## □黃色的故事

黃色激勵心智的活力，如理解力和創造力。黃色連結生命之源的太陽，也象徵地上財富的黃金。黃色是類似陽光之顏色，因此也有戶外、開放的特色，例如活潑、開朗、年輕、明智、好動、充滿希望等外向性格。從代表陽光的黃色，我們可以想像，若沒有太陽，地球也不可能有生命。黃色攜帶了太陽的能量，可以淨化憂鬱和沮喪的情緒，也可以促進學習，帶來清醒和理性。因爲和黃金產生關係的緣故吧！舊社會裡黃色代表的是帝王的服飾，是皇宮、廟宇甚或宗教意味中的莊嚴。

同是顏料的三原色之一，紅色代表感情、藍色代表精神，而黃色代表知性。黃色代表神經系統，負面思想的中和、調適，以及通往知識之路。黃色也代表權力、名譽和金錢的支配慾望，野心很強，享受經濟獨立生活。黃色是向外伸展的顏色，因此也代表經濟權利之慾望。黃色可以幫助我們的思想更清楚明白，也是悲傷時或憂鬱症的調適顏色。在人的彩虹圖中，黃色覆蓋的區域是胃，在食物的消化和吸收作用上扮演重要角色，因此也可以幫助治療腹部與胃部的疾病。

黃色代表聰明多才、多學多成，增進科學性、邏輯性、條理性，所以是學者專家的顏色，也是工具或知識方面的授業解惑。黃色結合了精神上能思考計畫、肉體上能貫徹執行的能量，這種狀況最適合現代化的要求，幫助提昇教育水準。

### □對應脈輪

第三個脈輪，又稱「太陽輪」或「太陽神經叢」，主管個人的力量、自信心、決心、非凡的領導能力、追求名利的慾望。這個脈輪若發生堵塞，名再多、利再厚，也視若無睹，不覺滿足，追求名利的慾望，好像餓鬼永遠吃不飽，因此所造的惡業，也和佛家所謂的「惡鬼道」相應。第三個脈輪也是心理或智能的領域，思想、意見及判斷都源於這個脈輪，並且受其掌控。

脈輪位置：胸骨下面、肚臍上面一點，凹陷下去的中心裡。

脈輪引伸：來自太陽神經叢，一種以人本的、理性的、結合肉體和精神的生命力量。肚臍上方和肋骨下方之間，是一些非常重要的自律神經系統接合的地方，因爲很多的神經接合發生在這裡，此脈輪也稱爲第二腦髓。第三個能量中心通常被視爲力量的中心，由此，性能量可以被蛻變而表現在力量或行動方面。第一輪和第二輪的特質是分擔一些較粗糙的功能，這些功能是我們與動物世界共有的根，能量提昇到第三輪後，可以把屬於人類的一些特性明確帶出。第三輪具有實踐理想的能量，使我們感受到被支持、被肯定、心想事成、天之驕子。否則，外在世界所加諸我們的很多部分，會被解釋爲使我們遭受犧牲和挫折。當第三輪阻塞時，我們會覺得意願和決心都出了問題，覺得自己是受害者或犧牲者，通常也會有個緊張的胃，這種挫折感會逐漸摧毀自己，或許表現出的是病痛、憂鬱、生氣、眼淚。這個脈輪如果失調，會引起胃的問題、暴飲暴食、挫折、壓抑和憂鬱症，有些人身上則會產生暴力、支配慾和控制慾的不當發揮。

人體範圍：脾胃、肝臟、膽囊、橫隔膜、胰臟。

正面意義：分析性的、邏輯性的、完美主義的、聰明的、雄心壯志、能量吸收、解毒、促進學習、吸收知識、促進消化、快樂、清醒。

負面意義：自我中心、固執、抗拒改變、控制他人、焦慮、緊張、混亂、憂鬱、無力感、害怕、批判性。

**□生活實例**

律師、會計師、建築師、科學家、企畫人才、企業經理人才、自由業者、老師、廣告人員、公關人員、研發人員、跟隨流行者、學者專家，其黃色光之頻率皆增加。黃色的特質是愉快興奮，感覺恐懼、壓力、緊張時，可以多用黃色來補充能量。

## 生命和愛的綠色與心輪

**□綠色的故事**

綠色的特性是生長、繁殖並涵蓋一切心理、生理、情感上的治療效果。綠色是生命和愛的顏色，大自然中除了天空和海洋，綠色所佔的面積最大，絕大部分的植物都是綠色，象徵著寧靜、和平和安全。古羅馬博物誌的作者蒲林泥說：「綠寶石不會讓眼睛感到疲勞，而能使眼睛舒適。」事實上，綠色是最適於眼睛的休息和疲勞的消除，對眼睛而言，綠色最穩定，白天時，眼睛的感光細胞活動旺盛，偏黃的綠光最容易被感受。

綠色直接和我們的肺臟和心臟區域聯繫著，它是心，就是在胸部中間，是我們可以經驗到愛的地方。綠光激動心輪，增進我們的愛心，過濾負面情緒如妒嫉、憎恨、怨憤。在大自然中，生命的顏色即以綠色表達，綠色使我們能看到自己生命的每一個層面，使我們更清楚自己的狀況。綠色介於彩虹光譜的中間，此光譜一端的紅色溫暖而活躍，另一端的紫色柔和而冷靜。綠色不太熱也不太冷，以此調和與平衡之特性，而能產生完美之治療。當內心有愛之時，自然發生治療力量，而當綠色的振動帶到心輪時，治療就自然的發生了。綠色也代表深入、專注到心裡，找到自己的空間，活躍和佔有之欲望，積極參與和反對，善於表達自我意識，主觀性很強。綠色代表茂盛欣榮的大樹，或是清澈碧綠的池水，代表生生不息的愛心，適合服務工作或神職工作人員。淺綠色較綠色活潑外向，有更多生氣和希望，深綠色較為老成持重，是一個經歷挫折的完美主義者。綠色是治療之光，增進我們的靈性，一切生理、心理、感情的問題，都可以藉助綠色的頻率來清除。

綠色代表新鮮活潑、充滿朝氣、活在喜悅之中。據說綠色也和財神有關，美金又稱「Green Back」，可見綠花花的能量人見人愛，財神喜歡快樂的人，這點絕對錯不了。用綠色來幫助我們心花怒放，則容易吸引到更多豐盛物質的能量。

## □對應脈輪

第四個脈輪，即是心的部分，稱為「心輪」，被視為星光體，這是第一個超越三度空間現實的層次，這種層次高於肉體、情緒及心智的平面。星光體是意識的區域，做為物質的空間及心靈的橋樑，是我們在睡眠時旅行的空間。第四輪代表無條件的愛，或者說慈悲，在清除了前三輪屬於地獄、畜牲、惡鬼的垃圾後，能量來到了心輪，發展出了無條件的愛，代表此一生命再也不會因維護自我生存、飲食男女、金錢權力等理由去做傷害他人之事。

脈輪位置：在胸膛的中央，胸骨和脊椎之間以及兩乳之間的部份。

脈輪引伸：來自心輪的能量，代表一種欣欣向榮、生氣盎然、新鮮、可愛、興盛的力量。當能量往上昇，達到心的中心時，我們就有能力在自己的裡面經驗到愛，這時，無條件的給出愛，已經是自然而然之事，而不是以一種需要、期待的方式計算可能的回報。我們常說「十指連心」。沒錯，心輪伸展到我們的雙手臂和雙手裡面，我們很自然的撫摸、擁抱我們喜愛的人，透過接觸，是一種最自然的方法來分享愛。在心輪暢通的狀況下，愛自己和愛別人都是由內在的靈性發展而自動反應，並非由頭腦所決定，也就是愛會自動又自然的打開了。第四輪失調，會產生呼吸功能的問題、心臟疾病、沒有能力去接觸、或是沒有能力被接觸，我們會感覺到更多的脆弱、心痛和容易受傷，或是偽裝一些無條件的愛，卻沒有能力來接受自己或愛自己，慈善事業做得愈大，心裡也就愈變態。

人體範圍：胸部、乳房、肺臟、心臟、雙手、迷走神經、血液及動靜脈循環、胸腺。

正面意義：新生、重生、再生、豐盛、充足、欣欣向榮、生生不息、愛、慈悲、美好、思念、下定決心、平衡、調和、和諧。

負面意義：嫉妒、猜疑、憂慮、脆弱、心痛、敏感、易受傷害。

### □生活實例

心懷慈悲者、宗教神職人員、社工人員、因感動而哭泣者、能融入大自然之生命和慈悲之醫生護士，其綠色光之頻率皆增加。綠色的特質是修補、平衡、愛心和慈悲，當我們感覺自私和妒嫉時，可以多用綠色來補充能量。

## 定靜平和的藍色與喉輪

### □藍色的故事

藍色散發著和平安靜的特性，並有助於我們眞誠表達內心的感受，忠誠地與他人溝通。藍色是原始的顏色，是天空和海洋的顏色，表現清爽、幽靜、冰冷、和平、穩定、理想和尊嚴。淺藍色代表青春期的色彩，充滿了求知、向上、好奇的心態。深藍色代表成熟，也代表不再血氣方剛。藍色是色環中唯一被稱爲「寒色系」的顏色，它和暖色系的紅色恰成一寒暖對比的關係。

藍色意味從存在和神性裡得到溝通，法國的母親讓女嬰穿著和聖母的藍色斗蓬同樣顏色的外袍，這是因爲藍色意味著「天之女王」聖母瑪莉亞。希臘和羅馬的萬神殿中，藍色象徵各自的主神宙斯和朱比特。置身於藍色的環境時，人心會覺得無比寧靜，而且血壓降低，所以藍色相當適用於休息場所或寢室。

藍色也代表注意力集中，學習能力強，個性趨於內向溫和。藍色帶來生命之中的定靜，中國古人說：「定靜安慮得。」智慧從定靜而來。藍色帶來平靜，也可以幫助睡眠。人生面臨終點階段時，藍色也是一種很好的支持，幫助我們寧靜地渡過生命中最後一站。藍色也是溝通和交流的顏色，我們成爲「存在」、「神性」或說「老天」的管道（channel），有助於偉大的畫家、文學家、音樂家、藝術家捕捉來自於天啓的靈感。藍色系中，有讓人感覺清淨、幽雅的一面，但也有象徵悲哀、憂鬱的消極意義。藍色能撫平波動的情緒，同時治療喉炎或甲狀腺等疾病。

喜歡藍色的人，即是生命視野有可能提昇的人。我們說精神修養較高，或許會喜歡宗教、哲學、音樂、美術、文學、玄學等等，這些東西有時被世人視為「好高騖遠」、「不能吃飯」。藍色太過則顯得孤高、嚴肅，欠缺親和力，有時會很想隱遁，欠缺實際生活能力，經濟上也頻生問題，顯得不切實際。

## □對應脈輪

第五個脈輪，又稱為「喉輪」，是一個人具備神力的開始，是創造與表達的中心，演說眞理及自我表達的力量，眞、善、美的觀念等等，都包含在這個意識的層次中。當能量上昇到第四個脈輪時，我們經驗到了同體大悲、無量之愛，現在能量上昇至第五個中心，賦予宣說眞理的任務。喉輪代表創造力、溝通力、聲音和表達。創造力和自我表達，可使一個人從身心靈的成長到物質的豐富，展現一致，流暢無礙。

脈輪位置：在喉嚨裡面。

脈輪引伸：喉輪是身體中較狹窄的地方，如果阻塞或綳緊，就有如網路塞車，消息來往的品質必定受到干擾。喉輪是溝通和創造的重心，給我們一種表達的能力，把自己的眞實表達出來。當我們感受到這股能量的智慧時，很自然的會找出一種最適宜自己的表達方式，可能透過一種語言、文字、音樂，或任何一種創造，來表達我們內在的體驗。當喉輪打開時，所有溝通的層面都會比較容易，這時我們只是老天的管道，靈感會很好，能量自然會帶著我們前進。喉輪如果失調，會造成扁桃腺、聲帶和甲狀腺方面之問題。

人體範圍：頸部、聲帶、喉嚨、肩膀上面的部分、支氣管、扁桃腺、甲狀腺和副甲狀腺。

正面意義：清楚、明白、冷靜、平靜、溝通、創造、眞理、寧靜、輕鬆、安眠、平衡陰陽、精確表達、幫助咽喉。

負面意義：憂鬱、主觀、冷酷、固執、喋喋不休、脫離現實、抗拒權威。

**□生活實例**

音樂家、作曲家、佈道家、僧侶法師、公正的司法人員、監察員、評審、藝術創作者、畫家、科學家、靈媒，其藍色光之頻率皆增加。藍色的特質是祥和安靜，當我們感覺神經過敏或無法安靜時，可以多用藍色來補充能量。

覺知清明的靛色與第三眼

## □靛色的故事

靛色是一種振盪頻率高、波長短的短波。靛色刺激直覺力，來自第三眼，也開發第三眼，這是一種冷靜、內觀、清明、安靜、篤定的能量，因爲內心的寧靜，而生出大智慧，從內在對生命神秘、宇宙奧義之探尋。靛色能量穿透力最強，看前面可以覺知到後面，看外面可以覺知到裡面，這種覺知和肉眼看東西的過程是不一樣的，那是一種穿透。當第三眼之功能開發後，即了解宇宙一切奧秘，這些通常是很多年，或是很多世來的靈性追尋者所想達到的成果。靛色支援天啓之秘奧，也把寧靜帶給瀕死之人。靛色的負面乃脫離現實，無法融入社會、處理日常生活，甚至會變得孤立。生理上，靛色擁有治療頭痛、放緩壓力的特性。當能量從海底輪升起，依序通透性輪、能量輪、心輪、溝通輪，到達智慧輪時，第三眼被開發，也代表宣說眞理者的自我完成，前有無條件的愛，後有融入宇宙之秘奧。很多修行者未必循序漸進，直接開發第三眼，獲致了一定程度之眼通，由此炫人耳目，獲致供養，但其海底輪、性輪、能量輪之問題並未清除，因此好像修練出一個法寶，一個厲害的核子彈，成爲其武器，照樣淪落爲一種工具，爲其生存、名、利、色等等目標服務。因此神通的開發也可以成爲獨立之事，成爲人體特異功能，而與修行不甚相關，或根本變成兩回事，有時且顯現背道而行之勢。

## □對應脈輪

第六個脈輪，通常被稱爲第三眼，也稱「眉間輪」或「智慧輪」，是星空體，握有我們個人未來世界或本體。星空體是光的領域，影響所有使我們看見的光，這是視覺的區域，以各種方式呈現：透視、默想、啓示、預見、鼓勵、心靈現象，最後是物質本身的呈現。當海底輪的生命能慢慢上昇而蛻變，心輪顯發慈悲、喉輪闡揚眞理，到了眉間輪則通曉宇宙一切奧祕因果，達致無上智慧。

脈輪位置：在兩眉和兩眼之間的位置，這塊前額位置的後面頭腦裡。

脈輪引伸：第三眼的開發，使我們有能力看到那看不到的，使我們碰觸那直截了當的慧解，也允許我們看到一些平常所看不到的事情。第三眼的功能是把頭腦內較高層次的功能打開，使我們能深入這個宇宙的密奧，幫助我們達到自己裡面更深層的地方，而不只是追尋外在的力量。此脈輪如果失調，可能會產生失明、視力障礙、頭昏眼花、頭痛、頭腦混亂的問題。在原始印度教關於脈輪系統的圖示中，第六脈輪是以介於兩個蓮花瓣間的一個圓圈出現的（松果腺位於兩半腦的中間）。在那圓圈中的是「OM」圖形的梵文象徵（「神聖世界」，宇宙起源的震盪），以及一個一半是男、一半是女的雌雄同體偶像。這個形式不僅象徵一個人我和神我的「聖婚」（Divine Marriage），而且也代表一個人意識中所有對立現象的綜合。當一個人達到這種安適的境界時，他就超越了二元對立的世界，也化解了所有的抗頡。個體化就產生了，自我也實現了。當我們超越較低的本性後，我們在爲他人和社會轉化服務的能力表現上，也變得更有創造力、更顯著。

人體範圍：耳朵、鼻子及其神經系統、雙眼、前額、松果腺。

正面意義：深入宇宙奧秘、神聖的啓示、宇宙的溝通。

負面意義：幻聽、幻視、幻覺、脫離現實、不切實際、孤立自己。

**□生活實例**

老僧入定、靈媒發功、精神分裂症患者、藝術工作者，其靛色光之頻率皆增加，靛色的特質是直覺智慧。當我們感覺猶豫不決或缺乏自知之明時，可以多用靛色來補充能量。

## 神聖寧靜的紫色與頂輪

**□紫色的故事**

紫色是藍色和紅色的混合色，是不冷不熱的中性色，紫色偏紅時，屬於暖色系，紫色偏藍時，屬於寒色系。紫色代表安定、鎮靜和具有治療能力，是修行或靜心之前的準備。紫色是紅色和藍色的混合搭配，是主觀性較強烈的顏色，因爲主觀而執著，會很認眞的堅守所愛，因此也顯得與世隔絕，放縱、浪漫而不切實際。

紅藍搭配成紫色，代表相反的兩極端互相吸引而結合，其關係從微妙到激烈的變化層出不窮、眩人耳目，也增添了紫色的神秘色彩。西洋自古以來，紫色原是國王的專有色彩，但紫色也代表頹廢腐化。在心理學中，紫羅蘭色和主觀化或純淨化有關，也表示感情的深度。在靈性層面，淡紫羅蘭色被認為是精神性，濃的紫羅蘭色被認為是抑鬱狀態。紫色同時也和同性戀有關，乃是純粹理想的暗示。

紫色是彩虹光譜中最後一個顏色，具有最短波長和最快的振動頻率，它的特質是神聖寧靜。紫色是第三眼的伙伴，也代表了最高靈性之顏色，顯示了完成和再生，也就是一種很深的蛻變。就好像在我們的頭頂開了一道窗戶，於是老天和我們的能量可以上下交流，隨心所欲，即孔子所說「七十而從心所欲不逾矩」的境界。紫色幫助我們和靈性世界聯繫，也是一種最高的治療，紫色打開了覺知和了悟，同時察覺到如瀑布般直瀉而下的智慧、慈悲、關心、照顧。紫色可以平衡左右腦，讓平時用腦過度的人感覺頭腦可以平靜和放輕鬆。

## □對應脈輪

第七個中心，即是頭頂的脈輪，稱為「頂輪」，是神性體。頭頂是控制及影響意識的領域，被稱為心靈的領域，存在著精神的生命，是我們與神合而為一的地方。頂輪的主要功能，是了解所有對立之後的那個統一，天人合一的喜悅。就人道而言，海底輪的能量上昇，淨化了前三輪所涵藏三惡道之罪業，經過同體大悲升起、眞理自然宣說、洞澈宇宙奧秘等階段，最後到達頂輪，表示了「就是這個」、「一切都是、沒有二話」的生命境界，七輪體系也顯示了修道的次第順序。

脈輪位置：頭頂，相當於百會穴附近

脈輪引伸：頂輪是一種高振盪的頻率，細密又精純的能量，是一種完全靈性的展開，是人性到神性之昇華。頂輪暢通的經驗應該是超越語言文字的層次，甚至超越個人的界線，有一種擴展並和周遭環境合一的感覺。這個能量中心失調時，會發生頭腦紊亂、精神方面的症狀，無法活在實際裡、和現實生活脫節、出世的思想。

人體範圍：腦髓、腦下垂體。
正面意義：治療、直覺、敏感、腦髓的平衡、精神專注、天人合一
負面意義：自殺、逃遁、深度壓抑。

**□生活實例**

靈修之士、慈悲為懷者、高僧、特異功能者、思想家、精神病患、同性戀、夢幻青少年，其紫色光之頻率皆增加，紫色的特質是啓悟、聖潔，當我們感覺苦悶、單調、欠缺靈性時，可以多用紫色來補充能量。

## 顏色的互補與能量的平衡

顏色、聲音與振動頻率是息息相關的，我們經常使用的顏色，事實上也都影響了身體的七個能量中心，從而有增強或削弱某一脈輪功能的結果。三原色是紅、黃、藍，次要顏色是橙、綠、紫。所謂次要顏色，是兩種基本色以相同的比例混合而成，每一種次要色都是一種基本色的對比色，反之亦然。綠色是紅色的對比

色，橙色是藍色的對比色，黃色是紫色的對比色。

## □基本色及對比色

其實每一個脈輪皆同時包含基本色及對比色，例如第一輪海底輪，包含顯性的紅色及隱性的綠色。第四輪心輪則是顯性的綠色和隱性的紅色，在海底輪是綠色被吸收，而心輪則是紅色被吸收。這些被吸收的頻率，代表每一個脈輪相反或互補之功能，也就是在海底輪，紅色是支配色，而綠色是其背後的力量；在心輪，綠色是支配色，而紅色是其背後的力量。因此海底輪和心輪是一組，臍輪和喉輪是一組，太陽輪和第三眼是一組。每個脈輪都有其相反的元素，有助於產生力量。這點和星座是一致的，十二個星座是六個能量點的開展，每一個星座都有其對面星座的隱涵性力量。白羊天平這一組中，白羊之中有隱涵的天平，天平之中有隱涵的白羊，白羊太過會變成天平，天平太過也會變成白羊，其餘金牛天蠍、雙子人馬、巨蟹摩羯、獅子寶瓶、處女雙魚這五組都有類似的特性。

在牽涉能量治療的概念時，任何一種顏色的失衡，有時要考慮從對比色來處理、矯正及加強。例如以綠色來處理過度的紅色，或者要消除藍色，則以橙色取代之。黃色過量時，則要在靈光中加以紫色來平衡。又如治療喉輪需兼顧臍輪，喉輪能量的變化，也自然會對臍輪有所影響。所以我們要了解，脈輪與脈輪的功能，相反中亦有相成，對立的兩個性質間具有統一性，這是此宇宙組成之法則。

## □了解衍伸色的意義

現在我們已經知道七個色彩的意義，而且知道這七個色彩中，紅、黃、藍是三原色，橙色介於紅黃之間，綠色介於黃藍之間，而紫色介於藍紅之間。在彩虹的七個色彩再度混合後，可以產生第三代的顏色，例如紅橙之間有珊瑚色、橙黃之間有金黃色、黃綠之間有橄欖綠、綠藍之間產生藍綠色、紫紅之間產生紅紫色。全部顏色的綜合產生白色和黑色。對於第三代的顏色，其能量意義如何解釋呢？當我們深刻了解彩虹的七個色彩之深刻意涵時，就成爲我們解釋第三代色彩的基礎了。例如：

珊瑚色：綜合了紅色（性）與橙色（治療）的能量，故解釋爲：性虐待的治療。

金黃色：綜合了黃色（智慧）與橙色（放開內在）的能量，故解釋爲：連結到內在智慧。

橄欖綠：綜合了黃色（智慧、調適負面能量）與綠色（內心、內在）的能量，故解釋爲：從心裡而生之智慧，或內在空間和負面能量之淨化。

藍綠色：綜合了綠色（心輪）與藍色（創造、溝通）的能量，故解釋爲：自心輪而發的創造和溝通。

紅紫色：綜合了紅色（生命力）與紫色（神聖、治療、腦髓）的能量，故解釋爲：神聖的愛、腦髓的平衡或是精力能量的恢復增強。

白色：包含所有顏色，故解釋爲：帶來清澈、明瞭、純潔、透明。

黑色：吸收所有顏色，故解釋爲：隱藏、壓抑、深沈。

所以，只要了解了彩虹七色之基本意義，自可以觸類旁通，甚至由顏色組合成分的多寡比重，了解分殊萬象之色彩後，到底隱喻了什麼樣的能量表現或暗示。

## □顏色運用與太陽星座的關連性

季節的變換，除了溫度變化之外，就是顏色的差異。春天，大自然從寒冬中復甦，出現了黃、綠、粉紅、淡紫般的色彩；夏天一片鮮明，植物出現大紅大綠的顏色；秋天出現的是金黃色、褐色、棕色、咖啡色等等；冬天則出現了冷漠的灰白色調。

季節的區分除了四季之外，還有更細的分類，在中國有二十四節氣的區分，在西方則有十二星座之說法，現在所謂的西洋星座（sign），其實跟中國的二十四節氣息息相關。占星術中的「星座」，英文稱為「sign」，就是中國的二十四節氣，太陽走到一個「sign」的開始叫「中氣」，太陽走到一個「sign」中間叫「節氣」。這又叫占星術中的回歸系統「tropical」，和中國的子平術一致，都是相信季節循環對生命的影響。而「sign」的劃分，完全以地日關係決定，早就脫離了「星座」（constellation）本身的色彩。

既然星座理論含有誕生時間和生命能量的關係，那麼星座和顏色之間是否有關連呢？前面說過，四季有一部份是由顏色顯示其變化，那麼星座包含著季節更細的分類，當然和顏色也有關係，只不過在運用上，傳統觀念是講究平衡的，例如冬天的誕生者應多用夏天的顏色，夏天的誕生者應多用冬天的顏色，春天的誕生者應多用秋天的顏色，而秋天的誕生者應多用春天的顏色。當然這是大原則，也就是互補的觀念，在實際應用上還可以有更細的分類。而色彩運用的大忌是：冬天的誕生者喜歡用寒色系或夏天的誕生者喜歡用暖色系，這些都代表重大的不平衡，而重大不平衡處，即是大吉大凶之契機。

其實每個星座「喜歡什麼顏色」和「什麼是幸運顏色」，這是兩個不同概念，一般星座書沒有講清楚的部份，就是去區分「性格顏色」和「幸運顏色」。到底某色系是某星座所喜歡的、還是對某星座是幸運的？還是只要喜歡的顏色就是幸運的顏色，或幸運的顏色就是喜歡的顏色？

其實在占星術中，「性格顏色」和「幸運顏色」當然不太一樣。我們喜歡的顏色屬於「性格顏色」，而「幸運顏色」則是屬於「能量顏色」。性格顏色和幸運顏色能做合理的搭配，才算是活出最高的「好色哲學」。那麼，十二星座的性格顏色和幸運顏色分別是什麼呢？

白羊座的性格顏色是紅色，幸運顏色是金黃色或寶藍色。

金牛座的性格顏色是粉紅或淡藍色，幸運顏色是黃色或紅色。

雙子座的性格顏色是淡黃或橘橙色，幸運顏色是淡藍色、天藍色或白色。

巨蟹座的性格顏色是綠或灰色，幸運顏色是深灰色、黑色或淡紫色。

獅子座的性格顏色是金黃色，幸運顏色是白色或黑色。

處女座的性格顏色是深藍色，幸運顏色是紅色、奶油色或金黃色。

天平座的性格顏色是淡藍或粉紅色，幸運顏色是淡黃色或橘橙色。

天蠍座的性格顏色是紫色或黑色，幸運顏色是紅綠色、黃色或粉紅色。

射手座的性格顏色是寶藍或黃色，幸運顏色是紅色系或金黃色。

魔羯座的性格顏色是深灰、暗綠或咖啡色，幸運顏色是粉紅色。

寶瓶座的性格顏色是天藍或鮮藍色，幸運顏色是橘橙或粉紅色。

雙魚座的性格顏色是湖綠色，幸運顏色是紅色系或黃色系。

其實，我們打從睜開眼睛之後就活在色彩的世界裡，顏色的運用影響了我們的心情、身體狀況、人際互動，可謂非常重要。能量是以色彩、聲音、振動頻率的變化而顯現，我們喜歡的色彩有所改變，或是喜歡的音樂改變、思想方式改變，也代表了命運的改變，到底我們該以什麼樣的原則來運用色彩呢？

生活中色彩的運用應是多元化的，並非固定不變，太陽星座代表我們出生的季節因素，當然是考慮點之一，體質和性向也是考慮的因素，因爲只有我們自己最了解自己。最近的心情和我們要達到的目標，也應該是擇用顏色的參考，然而不管如何運用，如果對最基礎的七個顏色——紅、橙、黃、綠、藍、靛、紫有正確的認識，就可以幫助我們在適當的時空做正確的選擇。

4

# 新時代愛情觀

## 前言：親密關係的新時代意涵

在二〇〇〇年有一個特殊的天象，就是七星連珠在金牛座，也就是日、月、金、木、水、火、土，都在30度之內相聚，並且正好在金牛座的30度。這是一個罕見的天象，它代表什麼意思呢？它就是特別強調金牛座的能量。金牛座在占星術上的能量，是金星所統治的星座，諸星聚集在金牛座，會使金星特別亮。金星的亮度與戀愛運成正比，所以金星愈亮，就會發展出很多的戀情。

這也就是爲什麼在二〇〇〇年的整體社會上來講，有很多跟愛情相關的事件跟現象發生。當然，這樣一個天象，對金牛座、天蠍座、獅子座，還有寶瓶座這四個星座，有很大的壓力，所以這四個星座本身在面對感情、婚姻狀況時，就面臨更大的挑戰。

「七星連珠」是全球性的現象，因此，不論是哪一個區域、哪一個地方，都會受到影響。這樣一個罕見的天象，再加上我們從西元一千年到兩千年，有一派西洋神秘學的人認爲由一變成二將對人類產生很大的影響，從占星術上來談的話，現在也慢慢進入 New Age 的新時代運動，或稱寶瓶時代。所以這個時候來談處理感情的問題，頗具有積極的意義。

人類到現在，感情上其實走到了一個困境，一個很大的困境——主要是都市化的關係。幾百年前，不管再怎麼繁榮的地方，人類基本上都是和大自然住在一起。現在在都市裡頭，很明顯就是高度依賴分工跟高度依賴科技。高度依賴分工，使得每個人只在自己的專業裡頭鑽，他看到的生活呢，是一個某個地方很深入、某一點很深入的生活，但是不夠全面。這個我們也可以講一句老話，叫「見樹不見林」。而高度依賴科技的結果是，沒有電，一切就完蛋了。有電，科技的機器才能夠運作，沒有電，大家很不方便，甚至連晚上睡覺都要出問題，因爲夏天晚上睡覺沒有冷氣就不得了。

在如此依賴分工和科技的狀態下，人失去了主體性。他找不到他自己，因爲看不到他自己生命的內在，很多偉大、生命內在的智慧，他都看不到了，然後他的生存就會發生很多很多問題。他沒有辦法處理自己的事情，而且不能肯定自己。因爲人類沒有跟大自然在一起，沒有生命的源頭跟活水，不能夠在這個都市生活裡長期忍受緊張繁忙。所以人類要尋求自救之道、解決之道。怎麼解決呢？有些人可能知道不能夠天天工作，要有休閒、要有娛樂，要接近大自然。更常見的一種治療就是人跟人之間的治療，用愛來治療，所以在都市生活裡頭，感情非常非常重要。因爲感情就是一個自自然然的人，跟另外一個自自然然的人，兩個都是自然的人，兩個都是屬於大自然的一部份，互相灌注對方愛、給對方治療，讓對方覺得很快樂、很活潑、有朝氣。所以愛情對現代人是越來越重要。

我們今天進入了一個新的時代，進入了新的千禧年，由天象上與七星連珠的啓示，我們知道愛情必然氾濫，但是愛情氾濫之結果，是得到了一個親密伴侶、遇到了一個可以相愛的靈魂，還是讓自己更加無所釋放、讓自己的生活更糟糕，其關鍵因素，完全在於一個人能否對愛情和婚姻的本質有正確的了解。若是不能了解這些事情，就沒辦法去正確處理感情的問題，也沒辦法找到一個很棒很棒的親密對象，所以，關於感情的問題，要從身心靈的整合來看才行。以下就針對一般人常遇到的感情問題，結合前面幾章所談的理論來加以說明。

## 享受美好的愛情

我常講舉一個例，人一生下來就會哭，也會笑，這是全世界小朋友的共通語言。小朋友哭哭笑笑可愛得不得了，他在笑的時候，你跟他玩，很快樂；忽然莫名其妙打他一下，他就「哇」一聲哭出來，但兩分鐘之後他又可以跟打他的人玩在一起，一點芥蒂都沒有。這是小朋友的心輪打開了，心輪打開的人才能夠哭、才能夠笑。但是，有一天他發現爸爸騙他、媽媽騙他，兄弟姊妹不瞭解他，同學不瞭解他，老師對他不好、偏心，於是他漸漸地不講話了，因爲他的心已經受傷了。在經過一次次的傷心之後，我們的心輪就慢慢緊閉起來了，不想讓別人知道自己的心情與情緒，而且認爲小孩子那樣的天眞無邪，是不成熟的一種表現。所以在這樣的狀況之下，他慢慢喪失了哭和笑的能力。

那什麼時候他又會哭、又會笑了呢？就是在情竇初開之後。他可以爲了所愛的人又哭又笑。他可以爲所愛的人寫詩、送花，開始浪漫，開始幻想。這是因爲愛情，生命好像又被充實了，愛情的愛是通往宇宙大愛的一個門，所以他心輪又打開了，又會哭又會笑了。

什麼時候心輪又關閉起來呢？結婚之後心輪又關閉了。爲什麼呢？因爲柴米油鹽醬醋茶等生活上的問題。因爲生活的重擔，很多人結了婚之後苦不堪言。

網路上流傳著一個笑話，大意是說某人把「girlfriend 1.0 版」升級成「wife 1.0 版」之後，發現佔用了相當多的空間和資源，不但會出現意料外的「小孩製造過程」，而且使用其他系統的時候會自行啓動，監視其他系統進行的所有活動。這時想要回復到「girlfriend 1.0 版」，但是卻無法移除。「wife 1.0 版」已變成是一種運作系統，創造者將其設計爲一種能夠執行所有任務的軟體，一旦移除這個軟體，你就再也無法從系統中 uninstall、delete 或 purge 她，也不可能將「wife 1.0 版」回復成「girlfriend 1.0版」。有些人曾企圖安裝「girlfriend 2.0版」或「wife 2.0版」，結果發生的問題比原來的系統還多，問題不但沒解決，還更加糟糕，而且這個軟體還會吃掉其他軟體等等。

這是一個笑話，但在我們的世界裡卻是再眞實也不過了。人一旦走入婚姻生活，心輪往往就關起來了。但是女生的心比較柔軟，她生了小孩之後，看到小孩的一切，看到小孩很可愛，在孩子身上又看到了希望，她會爲自己的小孩笑，爲自己的小孩哭；但男生看到小孩誕生，只覺得重擔又加了一個、壓力好大，於是心輪就閉得緊緊的。

如何才能享受美好的愛情？就是要讓心輪開啓。如果一味地害怕付出、隱藏自己、將心輪封閉，就無法感覺愛、享受愛，也無法送出我們的天賦禮物，不管這個「禮物」是親情、愛情或其他的東西；而相對地，唯有心輪眞正的開啓，才能去愛人和被人愛，眞正領受愛的甜蜜。

## 無法做出承諾的人

在感情世界裡，有些人不想做承諾、不想固定下來，他們認爲固定下來就會失去自由，所以不做承諾。他們情願跟花蝴蝶一樣，今天跟甲，明天跟乙，後天跟丙。因爲，戀愛有意思的地方在於換人。所以今天跟這一個、明天跟那一個，這都是不固定的，這是談戀愛最有意思的地方。這樣的人，永遠不進入婚姻，他在愛情上淺嚐即止。

這觀念的盲點在那裡呢?我們知道，談一次戀愛和談三十次戀愛，絕對不一樣!因爲每個人都有自己的特點，所以跟不同的人談戀愛當然有新鮮、好奇跟刺激的地方。但是，談三十次戀愛，跟談三百次戀愛，那就差不多了，已經沒有什麼新鮮的地方了。因爲人跟人之間其實就是那些事情，愛情裡頭可以發生的事情，那種感覺、感想、感受，談三十次之後大概就沒什麼差別了。

如果一個人不斷的談戀愛，代表這個人沒辦法走入家庭，沒辦法走入婚姻。走進家庭、走進婚姻有什麼意義呢?從某種角度來說，看起來最自由的人，其實是最不自由的人。爲什麼呢?因爲人生不只是談戀愛一件事,人生是有多方面成長空間的!結了婚,有了配偶,有了配偶的父母、兄弟姊妹,還有彼此的朋友,這些人全都因爲婚姻而進入了自己的生命之中!他們都可能成爲自己生命的貴人,在你的生命中打開一扇門,把你帶到一個新的地方去!他們都走進你的生命裡,都爲你的生命帶來很多很多不同的東西。於是你透過了婚姻、透過了你的先生或妻子、透過你的小孩子,增長了你社會的觸角,增長了你生活的很多層面。婚姻幫你打開了許多扇門,讓你進入不同的地方,這裡頭發生了很多生命中驚奇的事情,甚至是生命的奇蹟。若是沒有婚姻,若是沒有小孩,永遠只是在談戀愛的話,可以說人生的損失很大,因爲那些屬於家庭的情緒、感覺、經驗,你全都沒辦法了解。若不是透過婚姻,你不會了解婚姻;若不是透過小孩,你不會了解小孩。唯有看著你老婆被送進產房,你才知道你媽媽怎麼生你;唯有小孩生下來之後,看小孩成長,你才知道自己是怎麼成長的。我們很少有人能記得三歲前的事,每個人生命的前三年都是送給父母的,所以,你的孩子也把他三歲前的時光送給了你。透過他們,我們彌補了自己生命中的那段空白、那段不完整。而且小朋友呢，當他說他愛你的時候，他百分之百愛你，他給你的是百分之百的愛，這是無法從其他地方找到代替品的。只要你這個人心靈的層次夠深刻、夠敏感，你就會從小孩子身上得到很多很多的東西。

所以，透過婚姻和生兒育女，我們會重新的給過一次愛，重新製造小孩子的生活，重新回憶自己的幼年，重新幫自己的心靈成長。始終給不出承諾的人，就無緣體會這些經驗，無緣經歷這些成長。

## 婚姻能否被保障？

常常有人問我，我要結婚了，我可以跟他在一起一輩子嗎？我們可以相守一生嗎？他會不會背叛我？會不會有外遇？會不會跟我離婚？你幫我算算看。

其實，像這樣的問題，算命是沒有辦法解決的。誰能保證誰跟誰可以永遠在一起？天底下有一個定律叫做「所欲未得，所畏必致。」就是你最想要的、最喜歡的卻得不到，最害怕發生的事情卻一定會發生。所以生命裡頭就是你可以愛，但不要最愛，你可以怕，但你不要最怕。你愈怕它發生問題，就是不斷在灌輸能量、加強那個能量。我提過，信念可以產生能量，當你不斷地加強你的信念，心裡所想的就會實現，不管是好事還是壞事。

譬如說，有的人很沒有安全感，一天到晚擔心配偶有外遇、不愛他，於是用各種辦法控制對方，規定對方幾點回家，花什麼錢，控制他的人際關係等等。結果最後對方就受不了，眞的跑了。人一生下來，本來就是自由自在的；如果束縛太多，他當然要跑。

有什麼東西能保障婚姻嗎？沒有。你不能說有錢人不會離婚、健康的人不會離婚、權力高的人不會離婚，全部都沒有！我們只看到了一個定律，那就是：成長過程越是坎坷、越是需要愛、家庭越是支離破碎的人，他們的婚姻、愛情就越是糟糕。這絕對是肯定的，爲什麼呢？因爲這些人的內在是敏感的、焦慮的、多疑的、攻擊自己的，而這些內在的難過與內在的傷痛，就透過另一半的缺點表現出來——配偶就是代表一個隱性的你啊！**唯有當兩個人的內在身心靈都相當健全時，才會有美滿的愛情、美滿的婚姻。**

## 現代人離婚率越來越高

台灣已經成爲亞洲離婚率最高的地方了。我可以大膽的講，下一個世紀，在都市裡頭，一夫一妻制是否能維持下去，必須劃上一個問號。

一夫一妻制到底是什麼意思？我們說，贊成婚姻制度的，就是有道德的信仰，因此我們歌頌婚姻制度、讚美婚姻制度。但世界上的一些文化主張，卻不一定是贊成婚姻制度的。以佛家爲例，它常常說「苦空」、「無我」與「出離」！要去作和尚、尼姑啊！家庭是業、子女是債！出家可以免卻這些塵世間的業與債。所以佛家並不是肯定婚姻制度的。

天主教與基督教是肯定婚姻的，所以基督教、天主教的書很多都在教導夫妻如何相愛，如何瞭解上帝的意思。但是我們看到《舊約》裡面，所羅門王家裡有很多妻妾的，是一夫多妻，而非一夫一妻制！

在中國來講呢，我想儒家一直很肯定夫妻制度，因爲儒家長期以來都是肯定婚姻制度、維護家庭的。但它是不是一夫一妻制呢？它也不是！中國要到民國的時候才貫徹一夫一妻制，在清朝之前都是一夫多妻的。而回教世界到現在還是允許一夫四妻。所以，從人類的歷史來看，一夫一妻制並不是那麼理所當然的。

就生物學上的研究來看，大部分哺乳類動物也都不是一夫一妻制，所以一夫一妻制被視爲文明的表現。

我這樣說的目的，是要讓大家瞭解一夫一妻制的原因及來由。一夫一妻是針對人類高度文明、高度進化、高度智慧發展而來的制度，在人類來講幾乎就是一種宗教。一夫一妻制可以比擬爲宗教，因爲它告訴你，兩個人需要長期的如此相濡以沫，去瞭解對方、接納對方、包容對方，一起成長。這樣一件事情，對兩個人來講，是高度進化的靈魂才能遇得到的事情。

如果一個人希望他的婚姻是一夫一妻制，而且可以遇到一個願意跟他在一起長相廝守的人，這是非常完美的。這樣的狀況不需要法律來規範，也不用制度來規範，因爲完全是兩個人自動自發地、能夠在一起的這麼理想的婚姻，你看到過嗎？我想也許有，但是很不容易！

## 婚前戀愛史

曾有個女性朋友很生氣地跑來跟我說，她要跟男朋友分手。我說前一陣子妳不是說你們恩愛得很，怎麼現在要分手？她跟我說，因爲她和男朋友即將要結婚，不希望帶著罪惡感走進婚姻，所以要跟男友坦白一件事情。她說，她在十七、八歲的時候，因爲年輕，想要經歷一些瘋狂的事情，所以在出國旅遊時找了一個男生，就發生一夜情，非常浪漫的一夜情。這個事情在她心裡頭是美好的回憶。現在因爲決定結婚了，爲了避免以後的罪惡感，也希望男朋友可以了解、諒解她，於是她把心裡頭最美好的秘密跟他分享了，也算是一種懺悔。結果，她男朋友聽了之後非常感動，也跟她懺悔：我最近到菲律賓去的時候，遇到兩次一夜情，我現在也跟妳懺悔，希望妳以後不要見怪。

我這位女性朋友聽了之後非常生氣——我只有一次，你還兩次！於是跑來問我要不要跟男朋友分手？本來跟對方懺悔是一件好事。但是因爲發現對方更需要懺悔、更對不起你，反而造成了你們之間更大的問題，心裡很不舒服，想要分手！

爲了一個懺悔，搞成這樣！其實，有時候，將很多往事放在心裡頭不講，不是不誠實，而是一種成熟！很多事情講出來大家都不能接受，那又何必呢！但是，誰又沒有過去呢？所以人跟人之間赤裸裸的表達時，可能就會出問題，而且當你有問題時，對方可能也是半斤八兩。所以關鍵在於你的性格是不是成熟？而你的人生經驗是否讓內在更圓滿到可以建立起兩性之間和諧的關係？這才是兩個人應該共修的課題。

## 悲情主義強迫症

有些人在談戀愛時，並沒有從每一次的失敗中汲取經驗，或者說沒有記取教訓。要從每一次的失敗中，學習與補充不足的部分，這樣就可以避免在下次戀愛時犯同樣的錯誤。有一種人，每次的愛情都是很深刻的，都是要找一個不能愛的人，特別是愛起來很困難的人來愛。所以你看他第一次談戀愛是掙扎痛苦，相戀很久不結婚，分手之後又想對方，第二次談戀愛是這樣子，第三次還是這樣子。這是什麼情況呢？這叫做「悲情主義強迫症」。「強迫症」是什麼呢？就是有人一天洗手要洗個一千次，老是覺得手髒，要洗手，皮都洗破還在洗。有的人一出門總是覺得瓦斯忘記關，一定要回來看一看，回來之後發現瓦斯早就關了，再出門，就又覺得不對，又要回去看，這就是強迫症。「悲情主義強迫症」的意思是，這個人每次都要選擇一個不能愛的人來愛，所以他每一次的愛情都是悲劇。當這種人不能察覺自己這種內在狀況時，他每次談戀愛都是大風大浪的，讓自己累得半死，然後才說自己命運很坎坷。其實是他陷入了某種強迫症的模式。所以，婚姻要幸福、愛情要美滿，一定要從了解自己做起。

## 給彼此多一點空間

有的人談戀愛時非常投入、非常快樂。他每天都可以跟對方在一起，一直黏著對方，覺得跟對方在一起好快樂！有一天他發現，他跟對方那麼好，但是對方好像不太理他、不太睬他了，他覺得很奇怪，是不是對方不要他了？我跟他說：跟你講一個道理，你知不知道，糖吃太多會噁心，粽子吃太多會想吐；他聽了恍然大悟：原來，只是單純地膩在兩人世界的人是最糟糕的，是最笨的。為什麼呢？

因為耽溺於兩人世界裡，沒有得到外在世界的滋潤，於是他們不能夠成長，沒辦法再度散發自己的魅力，而愛情是需要魅力的！如果我們沒有辦法從伴侶身上得到魅力，得到一種能量，就會向其他地方尋找能量。所以，愛情在某種程度上，是向別人要能量的一個狀況。當你沒有辦法提供能量給對方，你的伴侶自然會轉向其他人。當他跟另外一個人有接觸、有能量的相遇，而他覺得這種能量很舒服、很愉快、很好，就自然往那邊走了。這時候你再批判對方，說他不道德等等，是沒有用的。所以，如果整天沉浸在兩人世界裡頭，忘了要不斷地再去跟外界接觸、再繼續成長，就會喪失能量、喪失魅力。喪失能量、喪失魅力的人，最後很可能會被甩掉。

## 父母的婚姻對孩子的影響

成長時期的家庭經驗絕對會對個人造成莫大的影響，這些影響將出現於成長的各個階段當中。曾經有個女生來找我諮商，說她不敢跟其他男生說話，因為她也不願意他的男朋友跟其他女生講話。她希望男朋友不要理其他女生，希望兩個人永遠在一起。

我從她的家庭背景開始了解。這位女生的媽媽是風塵女郎，她的兄弟姊妹和她都是同母異父。她從小沒有爸爸，所以叫舅舅「爸爸」，因爲他替代了父親的角色。她對愛情的心態，反映了她對父母感情的缺憾。她對男友的心態其實是對母親生活的一個反應，她不要像她媽媽一樣有著缺憾的愛情和婚姻，希望自己的婚姻是美滿的。

這樣的個案，其實說明了，因爲父母親的婚姻狀況不理想，有些小孩在開始尋找另一半時，都會害怕重蹈父母覆轍，於是簡單地將目標設定在一個理想的位置，卻很難達到。假設一個女性從小看到爸爸抽煙喝酒，她也許會將未來的對象設定成：抽煙喝酒的男人我不要！老公稍微吸點煙或喝點酒，老婆就開始大發雷霆。爲什麼大發雷霆？因爲很可能這個女生的爸爸從前常常喝了酒就開始亂發脾氣、毆打老婆小孩，所以她現在一看到老公喝酒，心裡就不舒服。

**最親密的人會把你成長過程中的「痛」顯現出來。所以，當你覺得另一半有很多缺點時，那其實是顯現你自己成長過程中的痛。**對方身上那個會讓你痛的部分就是愛的呼喚，就是要告訴你怎麼樣寬恕、諒解、撫平自己內在的傷痕。

## 婚姻會影響事業

婚姻不但會影響事業，而且是影響整個的人生。有些人認爲，娶個有錢的老婆可以少奮鬥二十年；或者嫁個有錢的老公，就可以不用煩惱柴米油鹽醬醋茶等生活問題，這些人希望利用自己配偶的成就、地位，來達到自己所不能達到的部分。但是他們最後都會發現，讓人成功的不是這些因素，而是因爲兩個人相愛，有眞正的愛情，所以每天生活愉快，運氣也就眞的打開了。快樂的感覺可以產生正面的能量。若只因功名利祿的引誘而跟不喜歡的人在一起，他會發現人生變得完全不同了，這個痛苦足以毀滅掉他，毀滅掉他的人生。

如果一個人每天回到家裡就被配偶數落，嫌他沒有用、沒本事，這個人是很難成功的。所以一個人能夠成功，並不是靠外在條件很好的伴侶在事業上幫助你，而是倒過來的：有眞正的愛情，有眞正很棒的愛情，你每天生活得這麼愉快、愉悅，每天都跟一個很棒的人在一起，這個人每天就安慰你、給你暗示，說你是最棒的、最好的，你這人就眞的會很棒，眞的會很好，你運氣就眞的打開了。所以婚姻對事業的影響是很大的。夫妻之間如果有愛，就能互相提供成功的能量。

## 夫妻財產該不該分開？

兩個人很要好時，常常會想要一起存點錢、買些股票、買個房子，或者把錢交給對方幫你投資理財做生意。但是，愛情扯到金錢和財產，是非常非常麻煩的事。

譬如說，我以前把賺的錢都交給我老婆，讓她把錢存起來。我把錢都給她，理所當然就想說，她那邊的錢都是我的。所以，我想要做生意時，就跟老婆拿錢。沒多久這錢賠光了；賠掉之後我再跟老婆拿錢，但是又賠了；然後我想再拿點錢時，她說對不起，你把你的錢都賠光了，也把我的錢賠光了。啊！什麼？妳那邊的錢不都是我的錢嗎？妳說妳什麼錢？我哪有拿妳的錢？於是老婆大人才開始解釋，她每個月將上班的薪水也存起來了，但是因爲生意一次次的賠錢，所以已經把存的錢全部都賠光了，而且她的積蓄也沒了。這時候，我才明白原來她的積蓄都被我賠光了。後來我悟出了一個道理，爲什麼會賠錢呢？原來我跟她拿錢的時候沒有寫借條，如此一來，潛意識就是不想還，於是產生不出賺錢的能量，所以賺不到錢還她，就把這些錢都賠掉了。其實，你跟你老婆借錢，還是要寫借條，不寫借條的話你心裡就是打一個主意不要還她。而你不想還人家這筆錢呢，你就賺不到錢來還，這錢到最後等於是虧掉，因爲你的心態就是這樣。

經過這事件之後，我才知道夫妻財產必須分別，絕對不要夫妻財產共同制，所以後來我賺的錢不給老婆了。我老婆問：你的錢怎麼不給我了？我說：對不起，我要自己學習處理財務的能力。如果兩個人爲了錢，到最後把感情搞壞了，甚至要分手的時候爲了財產講不清，沒有辦法很愉快地離開，弄得大家很不愉快，這就是人生經驗不足，人生經驗不充分。

所以說，兩個人，愛情就愛情，有了愛情的話呢，你的生命得到愛的滋潤，你的一切就是很順利，一切都非常非常好。如果你有一個愛情鬧得是一場糊塗的話，這愛情裡頭一定是有問題的，一定包括了很多問題。扯上金錢這些事情，那你的愛情更困難、更複雜，這是很糟糕的。所以我們處理愛情的時候要特別注意，不要碰到這樣的事情。不要因爲生活經驗、性格不成熟去扯上金錢的事，讓愛情蒙上一層灰。

## 犧牲自己VS.成就愛情

有人來找我，說她已經爲對方付出一切，但是對方卻把她甩掉了，這不公平，沒有天理，沒良心。我問她，是怎麼爲對方付出一切的。她說，對方有什麼困難，我馬上幫他；他在經濟上有任何困難，我馬上援助他；他做生意失敗，都是我幫他在調頭寸，所以，我眞的是賠了夫人又折兵，他現在把我一甩，我什麼都沒有了，我這幾年的努力都完全白費了。我問她，小朋友可以在無菌室裡長大嗎？她說不可以，因爲在無菌室裡頭長大的小朋友，沒辦法在外面去，稍微一點點病毒就把他給打垮打倒。我說，那就對了！我們都知道，小朋友每生病一次就長大一次，他的挫折、失敗，身體上的問題、生病，都是在幫助他成長。同樣地，你的伴侶一有問題，你就馬上幫他解決，這不就等於搶了他的考卷來寫。她聽了講不出話了。她本來以爲自己爲對方付出好多好多，卻沒有想到，她這樣做，其實是搶了對方的考卷來寫，結果她寫了兩張考卷，累得要死，而對方沒有考卷可寫，無法成長。她沒有看到這一點。如果一個人陷入這種狀況，那很可惜。因爲雖然犧牲自己，但這樣的犧牲對自己不好，對別人也不好。

還有一種情況是，其中一個人比較強勢、比較傳統、比較陽性，他完全要控制另外一個比較軟弱的，以愛之名行控制之實，要控制、了解對方的一舉一動；而另外一個呢，是比較陰性的，通常是女孩子，她也以愛之名，然後說：「唯有我能夠對你如此的百依百順，唯有我能夠如此的對你好，唯有我願意爲你做這些事，再也找不出一個女孩子能夠對你這樣。」這是什麼呢？這是用一種隱性操縱的方式去控制對方。所以，假使你有很多內在問題沒有解決，看不清楚眞相，看不清楚這樣一種互動模式背後所隱含的意義和問題，那麼，做再多犧牲也不見得能維繫你的婚姻和感情。

## 婚姻的意義與眞諦

一夫一妻制是爲了人類的高度進化，更是爲了左右腦的發展而設計的一種制度。這種制度幾乎等於宗教，你要碰到一個對象，跟你這麼好，跟你終身厮守在一起，這是一個宗教，它不是一個制度了。所以，有舉行結婚典禮跟沒有舉行結婚典禮，感受絕對不一樣。爲什麼？因爲在典禮進行時，當事人的感覺是被老天祝福的。有的人到最後還是選擇要結婚，爲什麼呢？因爲婚姻對他來講是蒙受上天的天恩、蒙受上天祝福的一個狀況。

因此，離婚也不單單是兩個人分開的問題。離婚有時候像是信了基督教之後又背叛進入佛教，或信了佛教之後又背叛進入基督教。因此，人在內心裡，對於一段婚姻的結束、一段生活的結束，會有一種背叛靈魂的罪惡感。

有很多女生離婚的時候，心裡會想：「我是個離婚的女人！在別人眼裡，我是最不幸福的女人。」她用這樣一個標籤貼在自己身上的時候，即使沒有人處罰她，但她自己攻擊自己，她的人生走不出來，這是很常見的情況。

婚姻到底代表著什麼意義？假如有一天你結婚了，婚姻很好，那當然很恭喜你。你離婚的時候，重新走出一條路來，我們也很恭喜你。最怕的是什麼呢？是你不斷離婚又結婚，結婚又離婚，沒有從婚姻裡頭觀察你的生命，沒有從第一次的婚姻得到教訓，沒有從婚姻生活裡認淸自己，所以這段婚姻對你來講，完全是浪費生命、浪費時間、浪費精力。你沒有從婚姻生活裡瞭解生命的本質、看到自己的成長、看到你內在的痛。然後在第二次的婚姻裡頭，你又亂七八糟，第三次，還是一塌糊塗，永遠沒辦法從中學習、成長，這是最糟糕、最遺憾的事情。所以，離婚或結婚，本身是非常非常中性的，沒有結婚就是好、或者離婚就是不好，而是你透過了結婚或離婚這樣一件事，讓自己以後將事情處理得更成熟、更圓滿，讓自己的生活更好、更棒。

好的婚姻必須是兩人達成願意在一起的共識，不斷地追尋和諧的關係，並且共同追求內在的圓滿。好的婚姻不是用法律來規範，也不是像「摩登原始人」那樣，拿著棒子去追打對方，把對方打昏，他就是你的了。兩個人如果能水乳交融，威力就像核子彈爆炸一樣，所有人都可以感受到這種愛。

如果你在這輩子中，能夠遇到一個人，跟他有很好的默契，跟他水乳交融，你眞正對他非常誠實，眞正跟他的靈魂是在一起的，那就代表你可以跟大自然結合、跟宇宙結合。這個人可能不是你第一個遇到的人，可能不是你的初戀情人，也不是你第一次結婚的對象，但是你曾經遇到這樣的一個人，有過一段很棒、很美好的時光，無所謂分開，永遠心心相印。如果跟一個人能如此，代表你和大自然也能如此，因爲你們都是大自然的一部份。反過來說，如果和一個人結合都做不到，又怎麼能和宇宙結合、和大自然結合？

假如你是一個離過婚的人，或者是個失戀很多次的人，那你這輩子仍然應抱著希望，希望在你的一生中眞的可以找到這樣的一個人。不管在你幾歲的時候，在你二十歲、三十歲、四十歲，甚至蓋棺論定的時候，你曾經跟一個人這樣的愉快、這樣的誠實、這樣的坦誠、這樣的水乳交融、這樣的心心相印，這才是你此生眞正尋找的人。假如你眞正碰到過這樣一個人，那眞的很恭喜你，因爲這表示你已經經歷過美好的愛情，能夠和同類的人結合，和大自然結合，和宇宙結合；你已經修習到愛情與婚姻的課題。

5

# 心想事成之道與創造的秘訣

## 前言：全腦開發，迎接二十一世紀

在二十世紀的尾聲中，我們看到了地球上種種的天災人禍，每天報紙電視所傳達的新聞，猶如一幕幕天啓之異象，不論是天倫悲劇、社會慘劇或是政經新聞、推理劇、仇恨劇的上演，無不使我們大開眼界，從些許的不安到極度驚悚，我們很訝異，有這麼多這麼好的演員正在賣命演出，整個人類也表達了更迴異往昔的創造力。

對於天災人禍，我們已漸漸熟悉，在見怪不怪、習以爲常和司空見慣之餘，有些人可能突然警覺到生存似乎日漸困難，甚至是艱難，日子愈來愈難過，日常生活上的不順心、不如意，竟然會多到難以忍受的地步。更重要的是，在歷經好些年的困頓延宕，猶如無頭蒼蠅——我的前途在哪裡？自信漸漸消磨之際，不禁也風聲鶴唳，草木皆兵。畢竟一朝被蛇咬，十年怕草繩。生活上稍有風吹草動，就得瞪大眼睛仔細瞧，即使反應過度，為了保護自己，也顧不了這麼多，誰叫老天把我放在這個時代呢？

面對即將來臨的二十一世紀，人類有種種無奈，從486電腦到Pentium III，我們繳了那麼多錢給英代爾；從Windows 95升級到Windows 98，我們也繳了那麼多錢給比爾蓋茲，但好像我們的工作內容都差不多。從找零錢打公用電話，到人人手拿大哥大，但生活上的痛苦指數不降反升。我們不能拉住時間，也不能停止科技更新，但我們安安穩穩的人生好像愈來愈沒保障。面對電腦千禧蟲、天災人禍、大自然的反撲和全球金融風暴的擴大，進入二十一世紀之後，若非「超人」，恐怕難以生存，這是很多朋友共同的感慨。

如何成為「超人」呢？「成為超人」是一個笑話嗎？還是超人只是把內褲穿

在外面呢？當一般人的日常生活愈來愈有問題時，「成爲超人」不是一個笑話，而是一個值得我們嚴肅思考的課題。未來人類最大之資源，不在天上或地下，而是在「人腦」，也就是人腦開發後所提供的創意。如何開發自己的腦袋、如何發展出潛能，這是每個人生存的課題。一個無法開發腦力、智慧、創意的生命，恐怕在下一千年的社會中，無法活得快樂健康，甚至根本無法生存。

我們腦袋中的腦細胞，其實是複製整個宇宙中的重重銀河系，當然也是複製造物主的智慧，所以說人是萬物之靈。人類生命現象之分殊性及因果關係的複雜，其祕密都在我們的腦部結構。

如何開發人腦資源呢？首先我們要認識到，限制我們自己能量的，就是我們的思考模式和習慣。在日常生活中，我們有很多限制性的思考方式，讓我們陷入消耗能量的陷阱中，如何突破自己的盲點，就是開發潛能的先決條件。其實失敗的人和成功的人都有同等的能量運作，只是失敗的人使能量衝突打架，而成功的人使能量整合累積，這就是成功和失敗之分別。人類最大的敵人是自己，而自己的生命盲點卻是最難點醒的。

當人學會運用突破性觀點解析日常生活時，你的整個生活會變得愈來愈不一樣，腦力和智慧逐漸開發，生命層次也往上攀升。但何謂突破性觀點？這就是本書要談的方向，新時代的思考方向提供了很重要的四點：一是**愛自己**，二是**不批判**，三是**活在當下**，四是**以自己內在之源頭活水爲師**。這四點都與我們傳統文化和日常生活的很多觀念背道而馳。例如愛自己被傳統認爲是自私，而不批判會使得傳統文化中的「魔鬼」、「地獄」、「業報」和「懲罰」等觀念失去立足之地（因爲批判才會產生天堂和地獄、救贖和懲罰）。而這幾個觀念雖然聽起來簡單，但生活化也絕不容易。何謂愛自己？又何謂不批判或活在當下？如何從這幾個觀念出發，來揚棄生活中的限制性觀念，從而達到全腦開發、運用潛能的境界？

人最最痛苦的是上帝給的自己不要，自己要的上帝又不給，所謂「不如意事常八九，可與人言無二三」，失敗的人生大抵如此。能不能上帝給的，也就是自己要的呢？「心想事成」之道眞是令人嫉羨又爭論的課題。

理論上而言，我們自己就是神，人類有無限的創造力，我們和神一樣的偉大。你認爲你自己是怎麼樣，你就是那樣，因爲那就是神創造出來的，而這個神就是你。我們看出去的世界就是我們自己創造的，但爲什麼有那麼多的人，對自己的生命產生疑惑或不滿意自己的生命呢？

整個生命的過程，都是愛的顯現，而愛是等同於上帝的，愛就是神，生命中所有的痛苦，也都是愛的呼喚。對於麻木、沒有感覺的人，上帝藉著痛苦來喚醒你的心靈，讓你覺知生活的哪些地方失去了愛或者和愛隔絕。如果我們不滿意這個世界以及目前的生活，那是因爲我們不明白我們中了「頭腦」和「假我」的詭計，我們活在「頭腦」和「假我」創造出的虛僞的世界裡頭，而我們之所以不敢面對眞實，是因爲其中有傷痛無法穿越。我們的傷痛被頭腦的詭計所保護，讓我們不能認清，而這個不明白，就是理想和現實有差距的原因。但傷痛存在，就有創造力，我們人生中的不圓滿，都是傷痛創造出來的。只要這個傷痛未被穿越，它也是創造的源頭，它也參與創造了我們的人生，而傷痛只會繼續吸引傷痛、製造傷痛，療癒才能創造圓滿。

研究「心想事成」這個課題，就積極面而言，可以充分發展自己的創造力，了解自己本身就是創造的源頭；就消極面而言，可以凸顯我們現在的心態和生活是那裡出了問題？是什麼隱藏在背後的信念，讓我們創造出這麼令我們自己不滿意的環境？我們的「頭腦」和「心靈」是在那裡分裂了？

**「心想事成」之道的三個關鍵，即是「信念」、「圖象」與「感覺」。這就是創造的秘訣。**

## 選擇正面的信念

人為什麼會有命運？妨礙我們心想事成的，從某一層次也可以說是命運的安排。既然是命運的安排，那還談什麼心想事成之道呢？所以首先一定要了解命運的原理。命運是看不見的，不少人也因為命運是看不見的，而大聲否認命運的存在。命運是否存在，雖然是千古爭論的話題，但有一件事實是我們不能否認的，那就是，我們的生命以及生活型態，在我們情竇初開以前，是自己無法安排和控制的（參見後文）。情竇初開以後，我們才有可能有意識的創造自己的生命，但這不是絕對的，要視個人智慧高低而定，而一切教育的目的，就是要幫助你啓發這個智慧。

## □不由自主即命運

試問你的「胎教」，你能有意識的控制嗎？「三歲前的教育」，主導權又在何方？成長時期，家庭的互動關係以及你選擇要扮演的角色，主要是受到父母親的影響或安排。從占星術而言，就是日、月星座的影響力，而你為什麼會選擇這樣的父母親呢？這就是你的「證量」之所顯現，也可以說是你生命的能量所創造感招，有些宗教名之為「業力」，從占星術而言，這就是「上昇星座」。

在這個成長過程裡，你的創造源頭、你的神性、你的靈魂，獲得了很多的「信念」，也可以說是「指令」或「制約」，於是就照著這個信念，去創造了你的一生。只要這個「信念」或輸入的「指令」被定下來，你的一生就會被定下來。因為被定住了，所以你有命運，會被陰陽五行拘牽，會「不如意事常八九」，要遍嚐人生之苦。

再怎麼否認命運，你都無法否認，在情竇初開以前，你的「信念」是被定住的，因為被定住、被制約、戲碼早已寫好，你非得演這場戲。本書就是在告訴你：

你的生命藍圖是那裡來的，到底在畫這個藍圖的時候，你有多少決定參與權。大部分的人，所謂「應劫眾生」，就是這樣「三歲定終身」。所謂「三歲定終身」，也就是出生的那一剎那就定了終身，因爲三歲之前你也不能有意識地安排自己！命運早在塵世生命開始時，也就是從你呱呱落地、剪斷臍帶的那一剎那，就被定住了，所以爲什麼占星術的命理諮詢要從你的出生時間和地點起算（時空座標定位了生命能量），就是這個原因！

一般人就是這樣被定了終身，而有了演出某種戲碼的創造指令，終其一生奉行不渝，這就叫「命運」。但是有些不平凡者，直到情竇初開，因爲大化的陰陽交感作用，腦部再度發生了嚴重而激烈的化學變化。通常一個人自覺性的發生深刻反省，就從此時開始。所以愛情裡頭，確實包含宇宙的「愛」或說是「靈魂進化」之愛。智慧較高的人，會或早或晚的了解創造命運、心想事成的關鍵鎖鑰——「信念」問題，至於早晚就要看智慧了。所以對愛漂亮的人，有一句老話說：「二十歲以前，你的臉是父母給的，二十歲以後，你的臉就是自己給的。」最先講這句話的人，於生命之奧妙、命運之源頭，確有所見。

要改變命運，首先就是要了解，你今天到底怎麼會弄成這樣的？如果你了解選擇「信念」的過程，你還是有權利可以選擇其他信念，再演其他戲碼。命運如制服，選擇穿護士制服，就會變成護士，選擇穿警察制服，就會變成警察，選擇穿軍人制服，就會變成軍人。如果你知道自己可以選擇，就可以選擇換套制服穿，怕的就是你不知道自己有選擇權，結果一生死守一套制服。

## □心想事成之道，首重處理信念

心想事成之道，首重處理信念。大部分的人都是爲金錢、健康、工作、性、人際關係而痛苦，這些都和自我的信念有關。如果你堅信自己就是不可能幸福，那你就無法經驗幸福。如果你堅信自己是兩袖清風，那麼你就不可能有很多錢來享受生命的豐富。如果你堅持自己不值得被愛，那麼你就無法經驗親密關係的優美。但是如果問你，爲何如此堅持你的匱乏呢？大部分的人用頭腦回答這個問題，都會說：「我神經病啊？我自我虐待啊？我絕對沒有！」

朋友們，不論你怎麼回答，我們無法在頭腦層次處理這個問題，我們必須站在靈魂的層面來看待這個問題。記得：「心想事成」之道，是「心」想而不是「頭腦」想。首先要研究：「你母親在懷你的時候，在生活的哪一方面或哪些方面最感匱乏？」是自我價值感？金錢能量？人際溝通？家庭之愛？自信度？創造力？健康？工作能量？親密之愛？人際互動？性愛滿足？身心自由？事業資源？社團關係？宗教信仰？

這點可以去問你的母親，或憑著你的第一個直覺來回答。

其次，大部分人所面臨的「負面信念」問題，基本上都是由「自卑感」（我沒人愛）、「罪惡感」（我不夠好）、「恐懼感」（我很害怕）而來，這些基本問題都是由在三歲之前所培養的「不信任」或「不被愛」的感覺導引出來，從而在往後的人生以一大串負面的名詞表達出來。所以最先要清除的信念，就是去問：你「何時」感到自卑、罪惡、恐懼？你「常常」感到自卑、罪惡、恐懼嗎？所有負面信念的源頭，都在於相信了「匱乏」、「自卑」、「罪惡」、「恐懼」，不論處理什麼負面信念，到最後都要處理到「匱乏」、「自卑」、「罪惡」、「恐懼」等「老大問題」，這個總綱是一切心碎的根源。

唯有了解被「愛之火」淨化的靈魂，才能處理「匱乏」、「自卑」、「罪惡」、「恐懼」的問題，才能自信滿滿的大喊「我無罪！」才能允許你「心想事成」。相信老天，是這麼簡單卻又困難的一件事，**宇宙之中只有天意沒有巧合，相信老天和你的高層心靈是合一的，相信老天等於相信自己**。

人類對上帝有不同的稱呼，問題在於，個人對上帝存在方式的看法為何，並依此方式決定自己的人生觀。老天總是照著我們想像的形態出現，觀世音菩薩是「當以何身得度者，即現何身而為之說法」。老天就是我們內在的那個創造源頭，所以宇宙之中有生命並非奇蹟，生命之中有宇宙，才是奇蹟。調整你的「信念」，相信你是被無量的愛之光芒所包圍的，有選擇幸福的自由，所以把幸福當成你的習慣。

## □一陽來復，生生不息

深切的了解老天之愛，才能永遠作正面思考，否則永遠陷入惡性循環而不自知。負面思考是心想事成的大敵，唯有真正得到上天之愛的人，才能夠「一陽來復，生生不息」。老子曰：「昔之得一者，天得一以清、地得一以寧、神得一以靈，谷得一以盈，侯王得一以爲天下正。」老子的這段話就是在講這件事。這個「一」就是宇宙天地生生化化之大德，新時代曰「愛」曰「光」是也，所謂：「聖人抱一以爲天下式（牧）」、「得其一，萬事畢」，這樣的人才能夠把幸福當習慣，才能永遠維持正面思考。

所謂正面思考，是相信有限的目標造成有限的人生，反之亦然。不論發生什麼事，要勇於爲自己負責，而且堅信每件事的發生必有其目的，且有助於我邁向成功。人生就像自己所思所繪的景象，所謂「萬法唯心造」，同樣一件事，可使一個人的人生變得光明坦蕩，也可使其變得黑暗無光，其中端賴自己的選擇。因爲一切都是自己抉擇而創造的結果。對於任何事都不抱著負面想法，才是獲得健康、財富及成功的金科玉律。

對一切事物的想法均由自己思考而來，重要的是必須抱持肯定的思考。所謂幸與不幸，其實都是自作自受的結果，屬於人類智慧所能及，所以切勿慨嘆自己的幸或不幸，因爲幸福的人生的確可以自己去創造。世界上最高的才能即是順應宇宙法則。無論你犯了多少的錯誤，宇宙都能轉化爲更高層次的體驗。不要懷疑上帝愛你的力量，不要懷疑宇宙寬恕的力量，不要懷疑你命定的偉大，也不要懷疑老天會對你三心二意。無論什麼時候，當你發現卡在絕境裡，問問你自己，老天有沒有改變對我的看法？傾聽你眞心的回答，或試著聽聽老天的回答。「相信奇蹟」比「奇蹟發生」還要困難。人生會給你所要的一切，但是要記得，**你給生命的，就是生命給你的**。成功的絕對條件並非才能或知識，而是決定於自己期望成爲什麼，並能持之以恆，爲目標奮鬥不懈。

## □帶著信任走向未知

能夠處理好由「不信任」或「不被愛」感覺導引出來的「匱乏」、「自卑」、「罪惡」、「恐懼」總題，其他的負面信念，像是「內疚」、「無價值感」、「不配得」、「角色」、「規則」、「責任」、「無聊」、「痛」、「權力鬥爭」、「封閉」、「報復」、「嫉妒」、「批判」、「犧牲」、「孤立」、「執著」、「控制」、「心魔」、「輪迴」、「祖先」、「業力」、「報應」、「無意義」、「舊傷」、「印痕」等等，全都可以輕易的得到治療。也只有被治療好的生命，才能夠輕易自在、付託老天，帶著信任，走向未知。

處理信念，包括除舊和佈新，而除舊和佈新的總訣，都在於了解一個道理：「現在的你，只是真正的你的某種創造物。」這個被創造物是會生滅的，所以不要害怕，即使創造得不好，它也會來去和消失，因爲「『變』是不變的道理」，「無常是宇宙最大的祝福」。所以你還是可以選擇其他創造，只要你相信你是創造的源頭，而且了解你是自由的。

上帝在創造這個宇宙的時候，早就設計好你可以更改屬於自己的一切。如果你對上帝安排的宇宙進化藍圖不滿意，即對「天命」，也就是佛家說的「一大事因緣」不滿意，也沒關係，雖然這個大事改不了，但你還是能選擇不參與。如果你清楚明白自己的能量，你可以先行離開，等到環境成熟，再來滿你的願，應化你的因緣。

## 將目標圖象化

創造的秘訣，第二步驟即是圖象。我們要了解，整個宇宙的活動，皆是以圖象表現。我們要將想創造的結果，先行以圖象表現出來，然後慢慢凝聚能量，讓形而上世界中的圖象，和我們現實世界相應。最初級原始的圖象即是希望，而最高級的圖象即是清晰明確的觀想，威力強大的願景。在生活中，以我們的願力，反覆讓圖象出現，要有恆心，也要有步驟：

1. 去找一個你眞心所要、足夠吸引力的目標，不論在一、二個月內實現或一、二年內實現，要把目標實現時間的年、月、日明確訂出來，力量才會專注。用肯定的語氣預期你的結果，要用第一人稱，盡可能具體些，希望可以多一點點，絕對不要害羞。使用現在進行式語言，由單純開始，逐漸詳細，必須重複進行。

2. 要明確、單純、影像化、發揮你的想像力，在內心預演。在這過程中，如有負面情緒出現，去覺察這負面情緒，要你明白心碎根源，去放下，改變信念，重新作人生的選擇，堅持你要的。

3. 先去體會老天對你的愛，然後去認定你配擁有它。當你認爲自己不配擁有時，去覺察心碎在那裡、爲何出現負面情緒，然後放下。

4. 每天在睡前和起床前，將好的訊息傳達給潛在意識。每天晚上睡前及早上起床前，去感覺你要的目標已達成，要具體化。睡前和起床前，我們的無意識心靈是打開的，我們要用心去感覺，而非用頭腦。

5. 不論現實中有何困難，都不要相信這個困難，把所有一切交給老天、上帝、主耶穌基督、觀世音菩薩、高層心靈、宇宙之心——隨便你用什麼方式稱呼他。

6. 在過程中如有負面情緒出來，要去覺察，然後深入——釋放——寬恕——療癒——放下——找回眞我——分享給出——接受——豐富。

7. 求得具體，利用堅定的信心去求，不斷地求，直到達成。

## 好的感覺產生好的能量

中國有句俗語：「命好不怕運來磨。」這句話等同另一個意思：「該你的，搶不走，跑不掉。」人生發生的事情，皆是從你的心中流出，命運即是「證量」之顯現。好運的人到那裡都是好運，甚至噩運降臨都可以轉化成更大的好運，因爲創造的能量在內而不在外。所以說：「快樂的人住茅屋也快樂，不快樂的人住皇宮也不快樂。」要記得，眞正從你心中流出的，才是屬於你的。

如果你有想要的東西，那麼首先請在你的心裡發現它，在自己心裡清楚的看清想要的東西，或想要的狀態，並且將它抱緊。請持續的做，直到擁有實際感，感覺那東西眞正屬於自己爲止。如此，潛意識或高層心靈或老天或主耶穌基督或觀世音菩薩，必然能夠接收到你的願望，而不得不在現實的世界裡，以具體的事物呈現出來。

信念指導了我們的感覺，而感覺超越日常生活的理智。感覺形成了一個過濾網，幫我們處理所遭遇的一切事情。老天會自然的讓我們所處的環境中，發生很多的事件來支持我們，但我們首先以感覺來過濾這些事件。所以一件事情，我們感覺好或不好，會最先跳出來，但這個感覺如果是行事方針很重要的參考，這個參考是否眞的對我們有益，就要看這個感覺背後的信念，到底是創造性的、正面性的，還是毀滅性的、負面性的。假如是創造性的信念，則這個感覺所過濾的一切事情，也就是我們允許發生在生活中，並投射能量去支持的這些事情，也都是創造性的，反之亦然。所以信念指導感覺，感覺過濾環境，而且我們會投射能量、支持過濾後的環境，感覺「過濾」並「導演」了事件，也就是「炒」出了我們眞心所要的「菜」。這個幕後指導的信念，如果昇華，就變成宗教之願力。「命運」也可以說是我們出生前的「憧憬」，這個出生前的憧憬，影響了我們的今生。

現在感覺你要求的目標已經達成，那個圖象清清楚楚，你要求的能量已經發生。這個能量感覺起來很舒服，現在把它送到宇宙中，你知道這件事正在來臨，你一方面知足常樂、活在當下，同時對即將來臨的事件心存感激、滿懷希望，相信老天會幫你完成。請感覺滿足快樂吧！並非成功之後才滿足快樂，而是懂得滿足快樂之後才會成功。請在願望未實現前先行感謝，因爲感謝的心和宇宙的無限資源非常接近。並非好運之後才感謝，而是感謝才讓你創造好運。渴望是源自於天地之心的，當你眞心渴望某樣東西時，整個宇宙都會聯合起來，幫助你完成。而你的心在那裡，你的寶藏就藏在那裡。鬆弛心情與肉體，創造和諧的內在環境，了解睡眠也是祈禱的一種形式——這些都是善解老天、活用神性的最好技巧。總之，「心想事成」就是回到當下的磁場，在心裡感覺那個被創造的成爲你生命的一部分，就如同你現下已經存在般的眞實。

國家圖書館出版品預行編目資料

打造生命藍圖 / 王中和著. --初版. --臺北
市：遠流，2001[民 90]
面； 公分. -- (新心靈叢書；32)

ISBN 957-32-4268-0(平裝)

1.命運 2.占星術

293 89019761

A4013　新心靈

# 天使之鄉

## 迎向千福年的心靈澄淨之律

Albert Clayton Gaulden◎著　吳幸宜◎譯

亞伯特・葛登，美國首席的形上學顧問之一，詹姆士・雷德非（James Redfield）的精神導師，邀請你走上一條精神成長的道路，分享深刻的經驗。或許你將可以開始清理、淨化自己，以迎接千福年的來臨。

亞伯特的旅程始於他從高層自我保羅那兒，接收到驚人的訊息。這是段啓迪人心的經歷，闡述人類如何在千福年來臨的過程中，追尋回歸天堂的道路……

你將和亞伯特一同經歷這段旅程，征服個人心中的惡魔，歡享重回天使國度的喜悅。在他的引領下，你將學得八種精神律，據此清理籠罩生命陰影，發掘獲致個人成就的關鍵思想。

A4014/15 新心靈

# 超自然之謎[上][下]

## 玄學、超常和心靈奧祕的尋幽探奇

Colin Wilson◎著 朱恩伶◎譯

關永中◎專文推薦

《超自然之謎》旨在探討鬼魂、鐘擺、魔法、多重人格、神蹟啓示、煉金術、夢境、幽浮等各類超自然現象，及其與心靈和潛意識的關聯。

作者柯林·威爾森爲列名大英百科全書的重要作家，著有上百部作品。本書原著出版於二十年前，然其中所探討的課題與觀點，在世紀末的今日看來，非但不覺過時，反益發凸顯其思想之先進。作者學識淵博，行文深入淺出，內容兼具娛樂性、知識性與啓發性，是帶領讀者進入宇宙心靈浩瀚天地的奧祕之作。

A4016　新心靈

# 心靈私房書

## 三十位新世紀生活導師的靈性修鍊觀

Richard Carlson & Benjamin Shield◎編　柯清心◎譯

鄭石岩◎專文推薦

《心靈私房書》集全美三十位知名心靈導師之作品，旨在討論心靈修持之重要，及作者個人的日常修持方式，致力探索豐富的內在生命。

本書作者對心靈的探索各有其獨到見解；藍姆・達斯帶領我們踏上〈覺醒之旅〉，瓊安・包利桑柯鼓勵我們做〈心靈的修持〉，梅樂蒂・比提則暢言〈愛與望〉……。

在這本激勵人心的合集裡，當代最受尊崇的心靈大師，邀請所有讀者一同深入了解自己的心靈，使心靈的智慧更融通、更圓熟。

A4017　新心靈

# 千福年天書

## 歷史邊緣的亮光・人類意識的覺醒

Ken Carey◎著　周和君◎譯

王靜蓉◎推薦　杜文仁◎導讀

《千福年天書》是一部「天啓式」小說。來自宇宙本源的精神實體，藉由作者之口，向我們傳達以下的訊息：一股威力強大的精神覺醒波流，自八○年代末起，逐漸進入人類的意識中，促成人類在政治、經濟、思想上的重大變革。這個高頻靈體在書中揭示了人類和宇宙的起源與未來，並且爲即將邁向新千福年的人類提供精神上的指引。它鼓勵人們擺脫歷史文化、思維模式的制約，拋卻外在身分與物質形式，讓生命成爲流動的意識，重拾本俱於自身的清明覺知。

A4018 新心靈

# 尋找萊拉

Robert M. Pirsig◎著 呂麗蓉◎譯

陳元音◎導讀

美國七〇年代最具影響力的作家之一，羅伯特・波席格，睽違文壇十七年後，又一重量級著作，藉由一段激情、深刻的旅程，帶領我們探討九〇年代許多重要的現象和議題。

故事的主人翁——作家費卓司於初冬之際駕船在哈德遜河上航行。半途他搭載了一位不可思議的遊伴：一個名叫萊拉的女人。她那強烈的性欲、敵意與接近瘋狂的氣質，使他的人生瀕臨解體……

引人入勝的情節，獨到深入的見解；《尋找萊拉》以深入淺出的方式，讓您了解當代重要的哲學課題，攀登上思想的高原。

A4022　新心靈

# 聖境新世界

James Redfield◎著　李永平◎譯

王季慶・王靜蓉◎聯合推薦

繼《聖境預言書》、《靈界大覺悟》這兩本全球銷售逾九百萬冊的新時代經典之後，詹姆士又寫下《聖境新世界》，以他一貫的體貼周到與讀者詳述心靈覺醒的重要性。他先由人類歷史、哲學和科學的背景說起，然後切入近數十年來物理學和心靈學方面的突破及其意義，再聚焦於童年時家庭中上演的「控制戲」。在他的循循善誘之下，我們得以對自己人格和習性的形成有更深切的了悟，從而由不斷重演的「控制戲」中跳脫出來，眞正踏上心靈進化之旅。